Video Workbook

La Catrina
El Último Secreto

David Curland/Luis Verano

University of Oregon
Eugene, Oregon

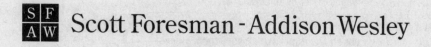

Scott Foresman - Addison Wesley

Editorial Offices: Glenview, Illinois • New York, New York

Sales Offices: Reading, Massachusetts • Atlanta, Georgia
Glenview, Illinois • Carrollton, Texas • Menlo Park, California

http://www.sf.aw.com

ISBN: 0-673-21844-9

11 12 13 14-PO-09 08 07 06 05

Episodio 1

Introducción: *La Historia de "La Catrina"*

Jamie González es estudiante en Los Ángeles. Durante su último año de la escuela secundaria, obtiene una beca para estudiar en Querétaro durante el verano. Jamie quiere ir a Querétaro porque su bisabuela, doña Josefa, a quien le llamaban La Catrina, "era una persona muy famosa y rica antes de la Revolución Mexicana. ¡Pero desapareció!"

Al llegar a Querétaro, Jamie va a la casa de la familia Navarro. Los Navarro son dueños de un restaurante, El Arcángel. Pero como tienen un hijo, Carlos, Jamie tiene que trasladarse a la casa de María Linares, una amiga de Carlos.

Resulta que existe un testamento de doña Josefa que contiene esta provisión: "Todas mis tierras y bienes pertenecen al primer miembro de mi familia que se presente en Querétaro." Estas tierras incluyen una hacienda—la Hacienda La Jacaranda—y también un hotel en San Miguel de Allende. Jamie no sabe nada del testamento. Estas propiedades están en manos de don Silvestre Aguilar, un poderoso político y hacendado. Cuando La Catrina desapareció y el resto de la familia huyó, los Aguilar se encargaron de las propiedades y no buscaron a los herederos.

La llegada de Jamie representa una amenaza para Silvestre Aguilar, ya que ella puede heredar las propiedades de La Catrina. Con la ayuda de Carlos y de otras personas, Jamie se presenta ante la Corte de Querétaro con pruebas de que ella es la beneficiaria legal del testamento de su bisabuela.

Después de consultar con sus padres, Jamie regala la Hacienda La Jacaranda a Operación Aztlán, organización de ecología en que Carlos trabaja como voluntario, mientras que el hotel en San Miguel queda a nombre de la familia de Jamie. Al final del verano, Jamie y Carlos se han enamorado. Jamie se lleva un anillo de La Catrina, regalo de Paco Aguilar, quien está un poco avergonzado por las acciones de su padre, Silvestre. Y Jamie vuelve a Los Ángeles.

Antes del video

Resumen

● ●

Ha pasado casi un año desde el viaje de Jamie González a Querétaro el verano pasado. Jamie es ahora estudiante en UCLA y sus clases le van bien. Jamie se divierte mucho con Rosie Lawrence, su gran amiga de Northgate High, y esto la hace feliz. Sin embargo, todavía piensa en lo que pasó en Querétaro y, más que nada, piensa en Carlos Navarro.

En este episodio, Jamie y Rosie planean verse en la tradicional fiesta del Cinco de Mayo, una importante fecha en la historia de México, pero al final Rosie no puede ir. Al día siguiente Jamie recibe un misterioso paquete de México.

Aunque no tiene ni carta, ni tarjeta ni remitente, Jamie está segura de que es de Carlos. El paquete contiene una figura de arte: una vasija con un coyote. La Sra. González cree que es una simple copia pero Jamie y Rosie no están seguras.

Rosie sugiere ir a ver a su profesor de arte de USC, un especialista en arte precolombino, para preguntarle sobre la figura. El profesor les dice que es la vasija silbadora con coyote, pero no está seguro si es copia o auténtica. Jamie vuelve a casa sin saber que tres policías la están observando.

Vocabulario

atender (a)	ocuparse de una persona o una cosa
últimamente	hace poco, en el pasado reciente
solicitar	pedir algo formalmente
atreverse (a)	Paco **se atreve** a hablarle a Carlos; Paco es atrevido en ese momento.
el milagro	algo extraordinario
meterse	intervenir: El padre de Jamie piensa que no debe **meterse** en la vida social de su hija.
el/la remitente	el nombre de la persona que envía una carta o un paquete
suceder	ocurrir
inesperado, -a	algo no planeado
la beca	ayuda económica que recibe un(a) estudiante para hacer algo
querer	sentir amor: Jamie **quiere** a Carlos.
se ve	parece: La figura del coyote **se ve** auténtica y no una copia.
la cita	una hora y un lugar determinado para reunirse con alguien
en el extranjero	en un país que no es el suyo
acerca de	sobre, de: El profesor sabe mucho **acerca de** arte precolombino.
procedente de	que viene de
pertenecer (a)	ser de alguien: El anillo ahora **pertenece** a Jamie.
el bisabuelo, la bisabuela	**La bisabuela** de Jamie, es decir la abuela del padre de Jamie, se llama "La Catrina."
la solicitud	documento en el que se pide algo

Frases importantes

no nos hemos llevado muy bien	no hemos sido muy amigos
pasar (la tarde)	estar en un lugar (durante la tarde)
pasar por	ir a
es bastante mayor	tiene suficientes años (para hacer o saber algo)
sería	(aquí:) probablemente era
Santo que no es visto, santo que no es adorado	refrán: Si no ves a alguien o algo, lo puedes olvidar. (equivalente en inglés: *Out of sight, out of mind.*)
tener toda la vida por delante	quedan muchos años (para hacer algo)
una hora de retraso	una hora tarde
será por algo	probablemente hay una causa, una razón
perder la cuenta	no recordar cuántos(as) hay
¿qué te parece?	¿qué crees? ¿qué piensas (de algo)?
una vasija silbadora con coyote	figura cerámica con un vaso y un coyote unido a él

Para pensar antes de mirar

Discuss with other students the following themes:

1. ¿Qué saben Uds. sobre el Cinco de Mayo? ¿Es algo que se celebra sólo en México o también en los Estados Unidos? ¿Por qué lo celebran?

2. ¿Es fácil o difícil mantener una relación a larga distancia? Expliquen sus respuestas.

3. ¿Qué quiere decir la palabra "precolombino"? ¿Creen Uds. que este tipo de arte tiene solamente valor artístico o también valor cultural e histórico? ¿Por qué?

DESPUÉS DEL VIDEO

¿Viste bien?

Look at the photographs and read the descriptions below. Write in each box the number of the description corresponding to that person, and give a short title for each scene.

1. Es una estudiante de USC que quiere viajar al extranjero durante el verano para estudiar arte.

2. Es muy amigo de Jamie. Parece que hay problemas en el restaurante de su familia en Querétaro en este momento.

3. Le pregunta a Carlos sobre Jamie. Su padre les ha causado problemas a las familias de Carlos y de Jamie.

4. Piensa en Carlos con frecuencia. Cree que Carlos le mandó la figura del coyote.

5. Es un político y un hombre importante de Querétaro.

Comprensión

A. Write the letter V *(verdad)* for those statements that are true and the letter F *(falso)* for those that are false.

_____ 1. Jamie encuentra a Rosie en la celebración del Cinco de Mayo.

_____ 2. La madre de Jamie piensa que el único joven que le interesa a ella es Carlos Navarro.

_____ 3. Jamie piensa que Carlos tiene alguna razón para escribir poco.

_____ 4. Hay muchos empleados en el restaurante El Arcángel.

_____ 5. La comida que Jamie y sus padres están comiendo se llama "sancocho."

_____ 6. El paquete que Jamie recibe de México tiene remitente, es decir el nombre de la persona que se lo mandó.

_____ 7. La madre de Jamie piensa que la figura del coyote que Jamie recibe es turística y fea.

_____ 8. Rosie sugiere llevar la figura del coyote al profesor Rangel porque él sabe mucho de arte precolombino.

_____ 9. El profesor Rangel dice que la figura del coyote es una copia de las que se venden a los turistas.

_____ 10. El profesor Rangel dice que si la figura del coyote es una copia, es la mejor que él ha visto.

_____ 11. En la oficina del profesor Rangel, Jamie recuerda que cuando ella estaba en Querétaro, Paco le dio un anillo.

_____ 12. Rosie le pide al profesor Rangel una solicitud para estudiar en el extranjero durante el verano.

B. Look at the following scenes from the video. Circle the letter of the statement that correctly describes each scene.

1. a. En esta escena, el joven está bailando con Jamie.

    b. El joven quiere saber si Jamie está allí con alguien.

    c. El joven quiere saber qué hora es.

2. a. Es el Cinco de Mayo y la madre de Jamie está empacando regalos para la familia.

    b. Es un paquete de Puerto Rico que contiene los ingredientes para el sancocho que la madre de Jamie hace para la comida.

    c. Es la mano de alguien que le va a mandar la figura del coyote a Jamie.

3. a. Son algunas personas que Jamie conoció durante la celebración del Cinco de Mayo.

    b. Jamie está recordando el momento en el que Paco le dio el anillo de su bisabuela, La Catrina.

    c. Carlos y Paco están hablando sobre quién va a ir a Los Ángeles con Jamie.

4. a. Estos hombres están riéndose porque van para la celebración del Cinco de Mayo.

    b. Estos hombres están contentos porque tienen una beca de USC para pasar un año en México.

    c. Estos hombres están riéndose de los problemas que hay en el restaurante El Arcángel.

Práctica de palabras

Circle the correct word in parentheses for each of the following quotations from the video.

1. " . . . será un (milagro / sancocho / paquete) si nos encontramos entre tanta gente."

2. " . . . el (remitente / único / santo) que te interesa es Carlos, quien casi nunca te escribe ni nada."

3. "Lo siento. Llegué con una hora de (turista / retraso / beca). Ya sabes . . . sucedió algo inesperado con Erik."

4. "Ah, sí, Felipe. He perdido la cuenta de todas sus (clases / novias / copias) . . . el don Juan de Los Ángeles."

5. " . . . mira—ayer me llegó esta (solicitud / oficina / figura) de un coyote."

6. "Mañana tengo una cita con mi profesor de arte en USC para hablar sobre un curso de verano en el (museo / extranjero / otoño)."

7. "Se han hecho muchas copias . . . pero ésta es la (fiesta / amiga / mejor) que yo he visto."

8. "Es un (anillo / problema / año) muy interesante. ¿También de México?"

Para escribir

Look at the following scene from the video and on a separate piece of paper, write a short paragraph in Spanish explaining what is happening.

Predicciones

En una hoja de papel, escribe quién (o quiénes) crees tú que le ha enviado la figura del coyote a Jamie. Pon el papel en un sobre y ciérralo. Más tarde, cuando veas el episodio en el que se sabe la respuesta, puedes abrir el sobre para ver tu predicción.

PERSPECTIVAS CULTURALES

NOTA CULTURAL: El Cinco de Mayo

En los Estados Unidos, la gente de origen mexicano celebra el día del Cinco de Mayo, una fecha de gran importancia histórica para las comunidades chicanas y mexicanas. Fue ese día, en el año 1862, cuando el ejército mexicano venció a las tropas francesas de Napoleón III en la Batalla de Puebla. Para entender el significado de esa batalla es importante saber lo que pasaba en el país en ese período.

Benito Juárez había sido elegido presidente del país. Debido a los problemas financieros del país, el gobierno decidió suspender durante dos años los pagos de la deuda que debía a otros países como Inglaterra, España y Francia.

Francia pensó que la mejor forma de recuperar su dinero sería con una intervención militar. Declaró México un imperio francés y nombró a Maximiliano, un joven príncipe austriaco, emperador de la nueva colonia francesa. Mandó un ejército para imponer su poder. Pero el 5 de mayo de 1862 en Puebla, una ciudad al sur de la Ciudad de México, las tropas mexicanas derrotaron a las francesas. Los mexicanos habían ganado la batalla, pero no la guerra. Sin embargo, esta fecha simboliza el valor del pueblo mexicano ante un ejército tan poderoso. El 15 de mayo de 1867 Maximiliano fue derrotado y capturado.

El Cinco de Mayo es una fiesta nacional mexicana. Sin embargo, este día se celebra más en los Estados Unidos que en México. En los Estados Unidos, la gente de origen mexicano expresa el orgullo en sus raíces, y celebra este día con desfiles, fiestas, música de mariachis y bailes folklóricos.

Vocabulario de la nota cultural

el ejército	*soldados (grupo militar)*
vencer	*derrotar; ganar*
pagos	*cantidad de dinero que se debe pagar*
la deuda	*dinero que se pide prestado y se tiene que devolver*
derrotar	*conquistar; vencer*
poderoso	*con capacidad para hacer algo*
el orgullo	*satisfacción en algo*
la raíz	*origen o causa; la parte subterránea de la planta*

Preguntas

1. ¿Por qué se celebra el Cinco de Mayo? ¿Por qué crees que esta fiesta se celebra más en los Estados Unidos que en México?

2. ¿Cuáles son otras fechas que celebran los latinos en los
Estados Unidos?

Contrastes de cultura: Los hispanohablantes en los Estados Unidos

En los Estados Unidos hay mucha gente que viene de diferentes países
de habla hispana. Hay varios términos que se usan para referirse a los
hispanohablantes.

hispano, -a	Cualquier persona de un país hispanohablante. Es un término formal usado, por ejemplo, en el censo: la población hispana.
latino, -a	Término con que nos referimos a la gente de América Latina.
chicano, -a	Término que viene originalmente del nombre de la tribu antigua de los mechicas y que resultó en el nombre moderno de México. En los Estados Unidos fue adaptado durante los años 60 por algunos mexicoamericanos para simbolizar su herencia indígena e hispana. Sin embargo, este término se usa sólo en algunos círculos políticos o sociales.
mexicoamericano, -a	Término que se usa ahora para la gente cuyas raíces son de México. A veces se usa *latino, -a* como sinónimo.

Jamie es *hispana* o *latina* o *mexicoamericana*, pero no es *mexicana*,
porque es ciudadana de los Estados Unidos. La madre de Jamie es de
Puerto Rico. Ella es *latina* (o *hispana*). Como todos los puertorriqueños,
ella es también ciudadana de los Estados Unidos. Carlos es *mexicano*,
es decir, es ciudadano de México.

Vocabulario

el ciudadano,   citizen
la ciudadana

Pregunta

¿Puedes nombrar otros dos grupos que han emigrado a los Estados Unidos
y los días que celebran?

Para investigar

La población hispana de los Estados Unidos está creciendo rápidamente.
En grupos, busquen información sobre el porcentaje de latinos que hay
ahora y en qué regiones o ciudades están concentrados.

Episodio 2

ANTES DEL VIDEO

¿Recuerdas?

¿Por qué estaban preocupados los padres de Jamie?

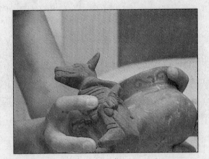

¿De dónde vino el coyote?

¿Qué opinión tenía el profesor del coyote?

Resumen

En Querétaro, las cosas van cada vez peor para Carlos y su familia. El banco ha cancelado su crédito. Carlos ha dejado de tomar algunas clases en la universidad y de trabajar como voluntario en Operación Aztlán.

Creyendo que fue Carlos el que le envió el coyote, Jamie lo llama pero él no está. El Sr. Navarro le dice a Jamie que Carlos no puede mandar nada a nadie. Carlos se enoja cuando su padre le informa de lo que le ha dicho a Jamie.

Silvestre Aguilar, ya elegido diputado de la región y miembro del Comité para la Protección del Patrimonio Cultural, da un discurso sobre el tema. Carlos, sospechoso de Aguilar y su posible culpa en los problemas de la familia, va a su oficina para hablar con él. Al ver que no hay nadie allí, busca en un archivo y encuentra una carpeta con información sobre La Catrina. Mientras, en Los Ángeles, tres policías van a la casa de Jamie González. Dicen que en Oaxaca hay un mesón que era propiedad de doña Josefa de González, la bisabuela de Jamie. Se sospecha que el mesón, que se llama el Mesón del Jaguar, podría usarse para un negocio ilegal. Jamie tiene que aclarar su conexión con el Mesón y eso sólo lo puede hacer en Oaxaca.

Los padres de Jamie no quieren que vaya sola. Deciden que Rosie Lawrence la acompañe. Jamie también llama a su abogada en México, la licenciada Beltrán, para decirle lo que va a hacer.

Vocabulario

extrañar	cuando se siente o se está triste porque alguien ya no está
acabar de + *inf.*	algo que ocurrió justo antes de lo que está ocurriendo ahora
el recado	mensaje
el desarrollo	progreso; crecimiento
elegir	nombrar a una persona como representante de algo
el diputado, la diputada	persona elegida por un grupo para representarlo
el deber	lo que alguien debe hacer
enorgullecerse	aprecio que uno hace de sí mismo o de algo relacionado con él
el discurso	lo que una persona lee o dice delante de un grupo de personas
el testamento	documento legal en el que una persona deja sus posesiones a otra(s)
caprichoso, -a	de carácter inconstante
la venganza	lo que hace un enemigo (o una enemiga) en contra de otra persona
así	de esta manera (nota: **así que** quiere decir "en consecuencia")
los chilaquiles	comida típica mexicana hecha con chiles y tortillas
la culpa	responsabilidad cuando pasa algo malo
el préstamo	dinero que prestan los bancos y que debe devolverse
presionar	(aquí:) fuerza que se hace sobre una persona para que haga algo
heredar	recibir algo de una persona que ha muerto; Jamie **heredó** la hacienda de su bisabuela.
el juicio	proceso en el que se juzga a una persona o a un grupo de personas
el propietario, la propietaria	la persona que tiene algo en su posesión; persona que posee o tiene algo
el mesón	lugar tradicional donde se sirven comidas y bebidas
aclarar	hacer o poner algo en claro; explicar algo
el asunto	la cuestión
encargarse (de)	hacerse responsable de
el sitio	el lugar

Frases importantes

¡qué extraño!	¡no lo entiendo!
llevar a cabo	hacer algo según un plan; hacer realidad
de acuerdo a	según
en seguida *o* enseguida	pronto
darse cuenta	comprender claramente
me las va a pagar	le voy a causar problemas; tendrá que aceptar las consecuencias
se trata de	es cuestión de
ocuparse de	asumir la responsabilidad de algo
de veras	de verdad

Para pensar antes de mirar

Discuss with other students the following themes:

1. ¿Creen Uds. que hay personas que usan su influencia política con fines malos? ¿Qué tipo de problemas puede causar un político malo?

2. ¿Cómo se sienten cuando un(a) pariente o un(a) amigo(a) habla negativamente de Uds. a otras personas? ¿Qué le dirían a ese pariente o amigo?

3. ¿A Uds. les gusta resolver problemas o confrontar a otras personas? ¿Por qué sí o por qué no?

4. ¿Piensan Uds. que hay algunos casos en los que la policía de los Estados Unidos y la policía de México cooperan para resolver crímenes? Nombren algunas situaciones en las que esto puede ocurrir.

DESPUÉS DEL VIDEO

¿Viste bien?

Look at these four scenes from the video. For each scene, choose the correct description and place the number of the description in the corresponding box.

☐   ☐   ☐   ☐

1. Aguilar está diciendo que la familia de Jamie González no puede venir a México.

2. Rosie está contenta porque pronto Jamie va a ver a Carlos.

3. Estos tres hombres van a la casa de Jamie porque quieren comprar la figura del coyote.

4. Es una fiesta de despedida para Carlos porque ya no va a trabajar más en Operación Aztlán. Su familia lo necesita.

5. Aguilar está dando un discurso sobre la necesidad de conservar la cultura de México.

6. Carlos y sus amigos están celebrando que Jamie va a venir a verlos pronto.

7. Estos tres hombres son policías y quieren hablar con Jamie sobre el Mesón del Jaguar en Oaxaca.

8. Rosie está contenta porque va a viajar a México con Jamie y además puede visitar varios sitios arqueológicos importantes.

Comprensión

A. Write the letter V *(verdad)* for those statements that are true and the
letter F *(falso)* for those that are false.

_____ 1. Carlos está en una fiesta en Operación Aztlán porque él va a trabajar
con ellos en un proyecto nuevo.

_____ 2. Cuando Jamie llama a México, el Sr. Navarro contesta el teléfono y le
dice que Carlos no está.

_____ 3. El Sr. Navarro sabe que Carlos le ha mandado la figura del coyote a
Jamie.

_____ 4. En su discurso, don Silvestre Aguilar dice que es importante conservar
la cultura de México.

_____ 5. Miranda, la asistente de Aguilar, cree que la venganza es buena.

_____ 6. Carlos cree que don Silvestre Aguilar no quiere prestar dinero a
Operación Aztlán y por eso la organización tiene problemas ahora.

_____ 7. En la oficina de don Silvestre, Carlos encuentra muchos libros sobre
el restaurante.

_____ 8. Los policías que vienen a la casa de Jamie recomiendan que ella aclare
su conexión con el Mesón del Jaguar en Oaxaca.

_____ 9. Contreras, uno de los policías, llama a Miranda para decirle que van a
verse en Los Ángeles.

_____ 10. Los padres de Jamie quieren que ella vaya sola a Oaxaca para resolver
el asunto del Mesón del Jaguar.

_____ 11. Rosie está feliz porque ella va a ir a Oaxaca con Jamie, y además la
visita puede ser parte de su programa de estudios en el extranjero.

_____ 12. Jamie piensa que cuando vaya a México, sabrá qué hacer con Carlos y
con La Catrina.

B. Based on what is happening in each photograph, circle the letter of the correct ending for each statement.

1. El señor Navarro le está diciendo a Jamie
   a. que Carlos no está en casa porque tiene una novia nueva y está con ella.
   b. que duda mucho que Carlos haya mandado la figura del coyote.

2. Miranda, la asistente de don Silvestre Aguilar, se está riendo y dice
   a. que el restaurante de la familia Navarro tiene problemas.
   b. que el banco no puede dar dinero a Jamie González.

3. Carlos está muy enojado
   a. porque sus padres quieren abrir otro restaurante en Querétaro.
   b. porque don Silvestre Aguilar ha presionado al banco para que cancele el préstamo que el restaurante El Arcángel necesita.

4. Cuando Carlos va a la oficina de don Silvestre Aguilar no encuentra a nadie, pero
   a. encuentra una nota y un artículo de periódico sobre La Catrina.
   b. encuentra el artículo sobre el discurso que dio Aguilar sobre el patrimonio cultural.

5. El policía Contreras
   a. está llamando a su esposa para decirle que tiene que trabajar tarde.
   b. está llamando a Miranda, la asistente de Aguilar, para informarle de que Jamie está relacionada con el Mesón del Jaguar.

Práctica de palabras

Below are several quotes that have a missing word. Choose the correct word from the list and write it in the appropriate blank.

abogada	arte	asistente	llamar	negocio	representantes	vaya

1. "Debemos dedicarnos a . . . proteger a nuestro país de aquéllos que venden

   ilegalmente nuestro _____ a otros países . . ."

2. "Pero si soy el _____ del director, Demetrio Alcocer.

   Necesito hablar con él."

3. "Jamie, voy a _____ a tu padre al trabajo. Ahora mismo."

4. ". . . ¿y si le pido a Rosie que _____ conmigo? Ella estaba pensando en

   viajar este verano."

5. "Yo ya he hablado con nuestra _____, la licenciada Beltrán, y

   dice que se reunirá con nosotras y con Rogelio Salazar . . ."

6. "Se cree que el mesón en Oaxaca—que se llama el Mesón del Jaguar—

   podría usarse para algún _____ ilegal."

7. ". . . vengo del Departamento de Investigación Criminal de los Estados

   Unidos. Estos dos caballeros son _____ de la Policía

   Federal de México. Los señores Torreón y Contreras."

Para escribir

Look at the following scene from the video and on a separate piece of paper, write a short paragraph explaining why the police tell Jamie that she must travel to Oaxaca.

Predicciones

Además de ser político, don Silvestre Aguilar tiene otros negocios. En el Episodio 3, don Silvestre va a hablar con un cliente sobre uno de estos negocios. ¿Puedes adivinar *(guess)* qué tipo de negocio tiene don Silvestre y qué quiere comprar el cliente?

La Catrina

Episodio 2

Nombre _____

Fecha _____

PERSPECTIVAS CULTURALES

NOTA CULTURAL: El arte precolombino

El arte precolombino es el conjunto de obras de arte hechas por la gente nativa, o los indígenas, de América antes de que Cristóbal Colón y los europeos llegaran a esas tierras. Se han encontrado restos de este arte desde el noroeste argentino, subiendo por Bolivia, Perú, Ecuador y Colombia, y pasando por Centroamérica hasta llegar a Honduras, Guatemala y México.

Aunque con diferencias propias, el arte de las culturas precolombinas refleja una civilización mítica, religiosa y militar. La mayoría de los edificios que aún quedan de estas culturas son monumentos religiosos o ceremoniales y están acompañados por construcciones que reflejan estos conceptos como: campos de pelota, baños de vapor, estelas, altares, plazas, observatorios.

La mayoría de las obras de arte precolombino se han encontrado en tumbas, como las de Monte Albán y Mitla. Los objetos preciosos con que estos pueblos enterraban a sus líderes son verdaderamente impresionantes. Las culturas precolombinas veían la muerte como un viaje de una forma de vida a otra. Los objetos de oro, plata y jade encontrados en las tumbas reflejan la importancia que suponía para estos pueblos el preparar el alma de una persona para su nueva vida en el otro mundo.

Estas obras de arte no habían sido muy estimadas, pero en el siglo XX su valor subió mucho. México, por ejemplo, tuvo que imponer leyes para proteger su patrimonio cultural. Aun así, los coleccionistas privados y negociantes internacionales han competido en la adquisición de estas obras por cualquier método, legal o ilegal.

Vocabulario de la nota cultural

el conjunto	*grupo; totalidad*
restos	*lo que se ha conservado*
la estela	*monumento conmemorativo con el que se recuerda a alguien*
suponer	*(aquí:) tener; significar*
estimadas	*valoradas*
el siglo	*cien años*
su valor subió	*que tiene más valor ahora; que vale más*
leyes	*normas establecidas por las autoridades*
el patrimonio	*la herencia cultural de un país; puede ser cualquier obra de arte o arquitectura*
el/la negociante	*persona que compra y vende para ganar dinero*

Preguntas

1. ¿Por qué fue necesario imponer leyes en México con respecto al arte precolombino?

2. En tu opinión, ¿por qué no tenía mucho valor el arte precolombino antes del siglo XX?

Contrastes de cultura: El arte indígena

Los Estados Unidos y el Canadá tienen una herencia muy rica de arte indígena. Las diferentes tribus de varias regiones son famosas por sus obras. El arte de muchas de estas culturas simboliza ideas y conceptos filosóficos. Las caras y objetos que vemos en sus obras de cerámica son expresiones de conceptos místicos y espirituales. A través de sus obras, estos artistas trataban de transmitir a sus gentes ideas y símbolos míticos y religiosos.

Preguntas

1. ¿Qué ideas simboliza el arte indígena?

2. Nombra una tribu en los Estados Unidos o en el Canadá famosa por su producción artística. ¿Qué tipo de obras hace?

Para investigar

En grupos, busquen información sobre el arte precolombino en varios países de la América Latina. ¿Cuáles fueron algunas de las tribus indígenas de este continente que hicieron figuras artísticas? ¿En qué países vivían? ¿Dónde se pueden ver estas figuras hoy en día?

Episodio 3

Antes del video

¿Recuerdas?

¿Qué dijo Aguilar en su discurso?

¿Qué descubrió Carlos en la oficina de Aguilar?

¿Por qué fueron los policías a la casa de Jamie?

Resumen

En Querétaro Rogelio le dice a Carlos que va a ir a Oaxaca para ayudar a Jamie y a la licenciada Beltrán. Carlos no sabe nada, pero dice que él también irá a Oaxaca.

Jamie y Rosie llegan a Oaxaca. En el aeropuerto, dos de los asistentes de Silvestre Aguilar y uno de los policías que estuvo en la casa de Jamie, en Los Ángeles, las observan. Una vez establecidas en el hotel, las dos van directamente a la oficina de Archivos Oficiales de Oaxaca para buscar información sobre el Mesón. Allí el archivista, el señor Marañón, confirma que doña Josefa de González compró el Mesón del Jaguar en 1910 por 900 pesos.

Jamie y Rosie regresan a su hotel. Allí los asistentes de Aguilar las oyen cuando ellas hablan de la pieza arqueológica. Marañón llama a Miranda, la asistente de Silvestre Aguilar para avisarle de la visita de las dos jóvenes. Cuando oye la noticia, Aguilar se pone furioso y dice que esta vez tienen que hacer algo con la señorita González.

Vocabulario

avisar	dejar saber, informar
la caja fuerte	un lugar seguro donde se pone dinero o algo de mucho valor
molestar	incomodar; interrumpir a una persona pidiéndole que haga algo
los archivos	lugar donde se guardan documentos
el dato	la información
averiguar	llegar a saber
el bisnieto, la bisnieta	hijo o hija de su nieto o nieta; Jamie es la **bisnieta** de doña Josefa.
el dueño, la dueña	el propietario, la propietaria; la persona que posee algo
la pieza	el objeto
el tesoro	algo que tiene mucho valor
firmar	signar; verificar algo escribiendo su nombre
acercarse	estar o ponerse cerca de algo o de alguien
sospechar	tener una intuición; creer algo según lo que se ha visto u oído
el/la sinvergüenza	una persona que no tiene honor
compartir	dividir; participar en alguna cosa
repentino, -a	algo que ocurre rápidamente, sin preparación
lograr	obtener, conseguir
d.C.	abreviatura para "después de Cristo" (en inglés: A.D.)

Frases importantes

de parte de	Rogelio va a Oaxaca **de parte de** Beltrán, es decir, porque ella se lo ha pedido.
¡Cuídate!	¡Que te vaya bien!
puede que	quizás, es posible
de cualquier manera	sin importar lo que ocurra; ocurra lo que ocurra
dar un consejo	ofrecer unas palabras para ayudar a alguien
hacer caso a	creer o escuchar lo que alguien dice
el mayor postor	el que ofrece más dinero
tener ganas de	querer; desear: Rosie **tiene ganas de** ir a México.
Te quiere, Carlos	En las cartas, la persona que escribe dice "te quiere" en vez de "te quiero." Literalmente: "Carlos es la persona que te quiere."

Para pensar antes de mirar

Discuss with other students the following questions:

1. ¿Creen Uds. que a veces hay grandes semejanzas físicas entre los miembros de una familia aunque sean de diferentes generaciones? ¿Conocen Uds. a alguna persona que se parezca más a sus abuelos o bisabuelos que a sus padres? ¿Quién es esa persona?

2. ¿Saben Uds. de alguna casa o de algún lugar, que por alguna razón, le produzca miedo a la gente? ¿Cuáles son algunas de las razones por las que la gente tiene miedo de un lugar?

DESPUÉS DEL VIDEO

¿Viste bien?

Look at the following video scenes. In each case, circle the letter of the statement that describes correctly what is happening.

1. a. Carlos y Rogelio están hablando sobre los problemas del restaurante El Arcángel.

    b. Carlos y Rogelio están hablando sobre el viaje de Jamie a Oaxaca.

2. a. Jamie tiene un regalo para Carlos en esta caja y quiere que la recepcionista la guarde por unos días.

    b. Jamie tiene la figura del coyote en esta caja y quiere saber si hay un lugar seguro donde pueda guardarla.

3. a. Esta escena muestra a don Silvestre Aguilar que quiere ir a una fiesta de disfraces en el Mesón del Jaguar.

    b. En esta escena, don Pedro, el abogado de La Catrina, está hablando con ella sobre el Mesón del Jaguar.

4. a. El señor Marañón, de la oficina de Archivos Oficiales de Oaxaca, le informa a Aguilar que Jamie ha estado preguntando por el Mesón.

    b. El señor Marañón, de la oficina de Archivos Oficiales de Oaxaca, le informa a Aguilar que Jamie quiere comprar una casa.

Comprensión

A. In each of the following groups of sentences there is one that is false.
Circle the letter of the statement that is false in each group of sentences.

1. a. Rogelio le dice a Carlos que va a ir a Oaxaca porque la licenciada Beltrán
        quiere que él investigue los problemas de Jamie.
    b. Carlos le dice a Rogelio que él también va a ir a Oaxaca para estar con Jamie.
    c. Rogelio le va a llevar a Jamie los documentos que Carlos encontró.

2. a. Jamie y Rosie vuelan de Los Ángeles a la Ciudad de México y a Oaxaca.
    b. Jamie y Rosie tienen que ir en autobús a Oaxaca.
    c. Rosie está muy contenta porque dos de sus pintores favoritos nacieron
        en Oaxaca.

3. a. Jamie pone la caja que contiene la figura del coyote en la caja fuerte del hotel.
    b. Jamie decide guardar en su habitación la caja que contiene la figura del coyote.
    c. La recepcionista piensa que la caja es bastante grande.

4. a. El señor Marañón, de la oficina de Archivos Oficiales, recuerda todas las casas
        de Oaxaca.
    b. Marañón dice que el Mesón del Jaguar es una casa que tiene muchas historias.
    c. Marañón le dice a Jamie que La Catrina vino a Oaxaca hace mucho tiempo.

5. a. Doña Josefa de González—La Catrina—compró el Mesón del Jaguar por
        900 pesos.
    b. Marañón dice que el Mesón del Jaguar vale menos ahora que cuando
        La Catrina lo compró.
    c. En la oficina de Archivos Oficiales, una mujer les dice a Jamie y a Rosie
        que el Mesón del Jaguar es un lugar peligroso.

6. a. La policía arresta a dos extranjeros en el hotel porque se sospecha que tienen
        objetos de arte robados.
    b. La recepcionista del hotel piensa que las personas que venden ilegalmente
        la cultura de México son unos sinvergüenzas.
    c. La policía piensa que los extranjeros son artistas famosos y que necesitan ayuda.

7. a. Jamie recibe una carta de Carlos en la que le dice que va a ir a Oaxaca.
    b. Rosie le dice a Jamie que parece un poco repentino que Carlos aparezca
        después de tanto tiempo.
    c. Rosie le dice a Jamie que en realidad no tiene muchas ganas de conocer a Carlos.

8. a. En una conversación con un cliente de España, don Silvestre le vende una
        pieza de arte y le dice que se la va a entregar él personalmente en Madrid.
    b. Después de la conversación con Marañón, don Silvestre le dice a Miranda,
        su asistente, que vaya a Oaxaca para solucionar los problemas.
    c. Miranda, la asistente de don Silvestre, piensa que no es necesario ir a Oaxaca.

B. Draw a line connecting each statement to the corresponding photo.
There are two statements for each photo.

1. Trabaja con don Silvestre Aguilar.

2. Le cuenta a Carlos que Jamie tiene
    problemas con el Mesón del Jaguar.

3. Viaja a Oaxaca de parte de la abogada de
    Jamie, la licenciada Beltrán.

4. Trabaja en la oficina de Archivos
    Oficiales de Oaxaca.

5. Va a viajar a Oaxaca para solucionar
    algunos problemas para don Silvestre.

6. Le informa a don Silvestre que habló
    con Jamie González sobre el Mesón
    del Jaguar.

Práctica de palabras

Circle the correct word in parentheses for each of the following quotations from the video.

1. "Mira Rosie, allí podemos comprar los (pintores / boletos / vuelos) para el taxi."

2. "Lo podremos guardar en la caja (ilegal / fuerte / doble) . . . si quiere."

3. "Mi bisabuela compró una casa . . . a (principios / tesoros / precios) de siglo."

4. "Muy (peligrosa / barata / segura), 900 pesos. Ahora vale mucho más, por supuesto."

5. " . . . ella tiene una pieza (extranjera / arqueológica / rota) en su habitación. . . . Podríamos decir algo a la policía . . . "

6. " . . . voy a ir a Oaxaca para (arrestarte / sospecharte / ayudarte) en todo lo que pueda."

7. "Ah, Jamie González . . . nuevamente en México. La otra vez logró (solucionar / viajar / escapar) . . . pero ahora la pagará."

Para escribir

Look at the following scene from the video and on a separate piece of paper, write a short paragraph in Spanish explaining what is happening.

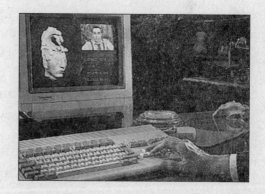

Predicciones

En el Episodio 4, Jamie y Rosie van a conocer a un nuevo personaje que se llama Benito. ¿Puedes adivinar cuál es el trabajo de Benito y cómo conoce a Jamie y a Rosie?

PERSPECTIVAS CULTURALES

NOTA CULTURAL: Oaxaca de Juárez

Esta bonita ciudad colonial, capital del estado de Oaxaca, está situada a 338 millas al sureste de la Ciudad de México. La ciudad es una auténtica joya, con arquitectura del siglo XVl, excelentes museos y coloridos mercados al aire libre.

La ciudad es importante por su diversidad geográfica, histórica y étnica. Junto con el estado de Chiapas, Oaxaca tiene la mayor población indígena del país, lo que explica su riqueza y variedad de artesanías, folklore y cultura.

Los indígenas que viven en los pequeños pueblos todavía conservan las técnicas tradicionales para la fabricación de artesanías. Teotitlán del Valle tiene fama por sus tapetes. Sus colores: el rojo, el negro y el amarillo, y sus diseños tienen su origen en la cultura zapoteca. La cerámica de la región también es muy famosa, como por ejemplo, la cerámica de color verde de Atzompa, y la de color negro de Coyotepec.

En los alrededores de Oaxaca se pueden ver las impresionantes ruinas que nos dejaron los zapotecas y los mixtecas: Monte Albán, Mitla y Yagul. Estos lugares demuestran el desarrollo tan avanzado de estas civilizaciones.

La mayor parte de los oaxaqueños son descendientes de los zapotecas y mixtecas. En Oaxaca se hablan ocho lenguas diferentes y hasta 52 dialectos. Para muchos de sus habitantes el español es su segunda lengua.

Hoy, Oaxaca es una ciudad amable e informal, sin las aglomeraciones de las grandes ciudades. En el centro se encuentra el Zócalo, una plaza grande, rodeada de cafés al aire libre, donde la gente va a pasear y a reunirse con sus amigos. Además de los conciertos que se dan en el quiosco, uno puede disfrutar de las constantes melodías ofrecidas por los músicos callejeros.

Vocabulario de la nota cultural

coloridos	_de muchos colores_
el tapete	_un tipo de alfombra_
alrededores	_cerca de; lugares cercanos a un lugar determinado_
el desarrollo	_progreso económico, social y cultural_
habitantes	_gente que vive en un lugar_
la aglomeración	_demasiadas personas, coches, etc._
músicos callejeros	_músicos que tocan un instrumento o cantan por las calles_

Preguntas

1. Para muchas personas que van a México, Oaxaca es uno de sus lugares preferidos. ¿Por qué creen que es así? En su opinión, ¿qué es lo más atractivo de Oaxaca?

2. ¿Conoces o te gustaría visitar un lugar que se parezca a Oaxaca? ¿Qué es lo que te atrae de un lugar o una ciudad? ¿Por qué?

Contrastes de cultura: ¿Indio, indígena o nativo?

En todos los países, la gente que forma parte de la mayoría tiene términos especiales para referirse a otros grupos de personas, o a las minorías dentro de su comunidad. Estos términos son frecuentemente un reflejo de las actitudes o ideas de la mayoría, y pueden cambiar según la época. En México, por ejemplo, para referirse a los primeros habitantes del país, es decir a la gente que vivía allí desde un principio, se usa indio o indígena. En Canadá el término preferido es "los primeros." ¿Cuáles son los términos, el formal y el más común, que se usan para hablar de estas personas en los Estados Unidos?

Preguntas

1. En grupo, hablen sobre el significado de "minoría" y "mayoría."

2. ¿Por qué creen que cambian los términos para designar a una minoría?

3. Piensen en algunos términos que se usan para algunas minorías. En grupo, hablen sobre el significado de estos términos y de cómo reflejan las actitudes de la mayoría. ¿Son estereotipos? ¿Por qué?

Para investigar

Dos centros arqueológicos muy importantes de las culturas zapoteca y mixteca en el área de Oaxaca son Mitla y Monte Albán. Con un(a) compañero(a), busquen información sobre estos dos lugares. ¿Cuándo se construyeron estos centros? ¿Qué edificios tienen características de interés particular? ¿Por qué?

Episodio 4

ANTES DEL VIDEO

¿Recuerdas?

¿Qué le preguntó Jamie a la recepcionista?

¿Qué le preguntó Jamie a Marañón?

¿De quién era la carta?

Resumen

En Oaxaca, Rogelio visita la oficina de Archivos Oficiales. Allí ve por primera vez a Miranda, que está hablando con Marañón. Luego él se reúne con Jamie y con la licenciada Beltrán. Le muestran a Jamie una foto del Mesón y le explican que, por alguna razón, nunca fue incluido en el testamento de doña Josefa. Pero ellos van a investigar más.

Jamie y Rosie quieren ver los famosos sitios arqueológicos de Mitla y Monte Albán. Un joven del museo, Benito López, les sirve de guía. Van a Mitla, Monte Albán y también, por cortesía de la casa, a Cuilapan. Jamie le pregunta a Benito sobre el Mesón, pero lo único que le dice es que ese lugar tiene mal nombre. Después de la visita, Benito les invita a una carrera por las calles de Oaxaca, en la cual él va a participar.

En Querétaro, Silvestre Aguilar, informado de la presencia de Jamie en Oaxaca, planea ir allá. El hijo de Aguilar, Paco, también va para participar en la carrera del Comité para la Protección del Patrimonio Cultural. Aguilar le dice a Paco que no se quede en el Mesón—supuestamente propiedad de la familia—porque hay algunos "problemas" allí.

Vocabulario

conducir	guiar, dirigir
asegurar	garantizar, afirmar
el asesor, la asesora	persona que da consejos o información
zapoteca	de la civilización precolombina que existió antes y después del año 100 d.C.
convertirse (en)	cambiarse, llegar a ser
mixteca	de la civilización precolombina que vino después de los zapotecas
el grabado en piedra	dibujo que se hace con varios tipos de instrumentos, generalmente en superficies (*surfaces*) duras, como la piedra
fijarse	prestar atención
el tejido	tipo de material de ropa
la barbaridad	algo cruel
la creencia	algo que uno cree
la carrera	una competición en donde se corre
intentar	tratar de

Nombre _____

Fecha _____

Frases importantes

de hecho	en realidad
ningún lado	ninguna parte
por cortesía de la casa	regalo; algo que no cuesta nada
en un principio	cuando empezó; en el primer momento
jugar a la pelota	un juego indígena que se juega con una pelota
de todas formas	Carlos no le ha escrito a Jamie; **de todas formas,** ella sigue pensando en él.

Para pensar antes de mirar

Discuss with other students the following themes:

1. Cuando Uds. viajan a otros países, ¿prefieren ir solos a los lugares de interés o prefieren ir en un tour con guías? ¿Por qué?

2. ¿Piensan Uds. que a veces la gente que juega deportes los toma demasiado en serio? ¿Creen Uds. que los deportes deben ser nada más que un juego? ¿Por qué?

3. ¿Han estado Uds. en lugares antiguos? ¿Dónde? Descríbanlos. Si no han estado en lugares antiguos, ¿les gustaría visitar algunos? ¿Cuáles?

DESPUÉS DEL VIDEO

¿Viste bien?

Number the following scenes in the order in which they occurred in the episode. Write the numbers 1 to 4 in the boxes, then give each scene a short title in Spanish that tells what is happening.

Comprensión

A. Find the answer to each of the questions below by combining a phrase from Column A with the correct one from Column B.

A	B
Que a los que perdían	carrera de pasado mañana en Oaxaca?
Es la asesora	como el tejido de su camisa.
Dice que es—o era—	las visitas a Mitla y Monte Albán?
¿Cuánto tiempo duran	del Museo Rufino Tamayo.
Dice que son	la bisabuela de Jamie, doña Josefa de González.
Que va a participar en	les cortaban la cabeza.
¿Te gustaría ir a la	una carrera por las calles de Oaxaca.

1. ¿Qué dice la licenciada Beltrán sobre la propietaria del Mesón del Jaguar?

_____

2. ¿Qué le pregunta Rosie a Benito la primera vez que habla con él?

_____

3. ¿Cuál es el trabajo de la madre de Benito?

_____

4. ¿Qué dice Benito sobre los grabados en piedra de Mitla?

_____

5. ¿Qué se dice sobre el juego de pelota en Monte Albán?

_____

6. ¿Qué dice Benito que va a hacer el viernes?

_____

7. ¿Qué le pregunta Paco a su padre, don Silvestre Aguilar?

_____

B. Look at the following scenes from the video. Circle the letter of the quote that expresses correctly what is happening in each photo.

1. a. "Esta noche hay una fiesta en el Mesón y todas las personas de Oaxaca van a ir."

   b. "Rogelio va a investigar los documentos de la propiedad y yo voy a hablar con las autoridades locales."

   c. "En el Mesón tienen juegos de pelota todos los días."

2. a. "Vamos a ir a las ruinas en autobús."

   b. "Aquí tomamos el vuelo para el Templo de los Danzantes."

   c. "Hola. ¿No les dije que irían con el mejor guía de la ciudad?"

3. a. "Aquí pueden ver el Mesón del Jaguar. La gente de Oaxaca no viene mucho por aquí."

   b. "Hay cinco grupos principales de edificios. Ahora estamos en uno de ellos: en el grupo de Las Columnas, en la entrada . . . "

   c. "El viernes voy a participar en una carrera por estas calles. ¿Les gustaría venir?"

4. a. "Sí, quiero correr, y luego me gustaría pasar unos días en el Mesón."

   b. "Quiero boletos para el tour de Monte Albán de las 10:00. ¿Me puedes dar el dinero?"

   c. "Quiero asistir a la escuela de guías de Oaxaca."

Práctica de palabras

Circle the correct word in parentheses for each of the following quotations from the video.

1. "De hecho, la casa no estaba incluida en el testamento—no aparece por ningún lado. Parece que era una propiedad (barata / secreta / obvia) de doña Josefa."

2. " . . . ¿por qué no le preguntas a ese muchacho cuánto tiempo (parece / espera / dura) la visita a los dos lugares?"

3. "¿Quieres (museos / boletos / ceremonias) para el tour de las 10:00 de hoy?"

4. "Por supuesto que hoy son sólo unas (ruinas / culturas / creencias), pero en su día eran impresionantes."

5. "Se dice que esos (tejidos / dibujos / coches) representan ideas religiosas, como el cielo y la Tierra."

6. "El viernes voy a participar en una (pelota / carrera / pared) por las calles de Oaxaca. ¿Les gustaría venir?"

7. " . . . será mejor que te (preocupes / investigues / quedes) conmigo en el hotel."

Para escribir

Look at the following scene from the video and on a separate piece of paper, write a short paragraph explaining what has happened and why Jamie and Rosie are smiling after talking to Benito.

Predicciones

Jamie y Carlos no han hablado durante mucho tiempo, pero en el Episodio 5 por fin van a verse de nuevo. ¿Puedes adivinar qué preguntas Jamie le va a hacer a Carlos y qué le va a preguntar Carlos a Jamie?

PERSPECTIVAS CULTURALES

NOTA CULTURAL: Monte Albán

La ciudad arqueológica de Monte Albán está situada en lo alto de unos cerros cerca de la ciudad de Oaxaca. En un principio fue ocupada por los zapotecas y más tarde por los mixtecas. Monte Albán fue la capital política y cultural de los zapotecas aproximadamente desde el año 500 a.C. hasta 750 d.C. Los zapotecas abandonaron Monte Albán tras la invasión mixteca.

En la parte alta del cerro principal, se encuentra la Plaza Principal, en la que se ve una gran pirámide. En el lado occidental se pueden ver los restos de uno de los edificios más interesantes: el Templo de los Danzantes, famoso por las figuras de los danzantes que lo adornan y por ser el edificio más antiguo. En el lado oriental hay unas edificaciones más pequeñas, entre las que se encuentra el Juego de Pelota.

Monte Albán fue una metrópoli política y ritual durante más de dos mil años. Tanto los zapotecas como los mixtecas dejaron sus huellas características, pero todos tenían en común el empleo del centro como una necrópolis, es decir, un lugar para enterrar a sus reyes. En el año 1932, un arqueólogo mexicano, el Dr. Alfonso Caso, descubrió la Tumba 7, que contenía un tesoro muy valioso en objetos de oro, plata y piedras preciosas. También son importantes las Tumbas 104 y 105 en cuyas paredes han aparecido pinturas de sacerdotes, dioses y símbolos religiosos.

La cerámica de Monte Albán es muy rica y variada, y gracias a ella ha sido posible fechar muchas de las tumbas y monumentos. Entre las más interesantes están las urnas zapotecas y las vasijas de los mixtecas.

Vocabulario de la nota cultural

el cerro	*montaña pequeña*
occidental	*en dirección oeste*
danzantes	*personas que bailan*
oriental	*en dirección este; lo opuesto del oeste*
huellas	*marcas; lo característico de una civilización o cultura*
el empleo	*uso*
enterrar	*poner algo debajo de la tierra*
rey(es)	*persona más importante en una monarquía*
el tesoro	*algo que tiene mucho valor*
sacerdotes	*oficiales de la iglesia*
dios(es)	*entidad divina*
fechar	*establecer una fecha*

Preguntas

1. ¿Qué importancia tiene Monte Albán en el estudio de las civilizaciones antiguas?

2. En tu opinión, ¿qué nos dice Monte Albán sobre las personas que vivieron allí?

Contrastes de cultura: La herencia del pasado

Como ya hemos visto, la mayoría de los edificios que aún quedan de las diferentes culturas antiguas son monumentos religiosos, ceremoniales y conmemorativos: pirámides, templos, plazas, castillos, canchas de juego, observatorios. Además de ser una obra artística, son obras de culto con una función específica. También se puede ver que son semejantes a muchos de los templos orientales, egipcios y griegos. Estas civilizaciones antiguas transmitían sus ideas y conceptos a través de sus obras de arte.

Vocabulario

aún	*todavía*
castillos	*edificios en los que generalmente viven los reyes*
de culto	*religioso*
semejantes	*similares*

Preguntas

1. Según algunos de los edificios que las civilizaciones antiguas nos han dejado, ¿cuáles eran algunas de las ideas o conceptos más importantes para ellos?

2. Escribe el nombre de un edificio moderno de hoy. ¿Por qué se construyó? ¿Qué crees que pensará la gente de este edificio dentro de mil años?

Para investigar

Con un(a) compañero(a), busquen información sobre este tema: En las civilizaciones griega o egipcia, ¿qué edificios son semejantes a algunos de los que hemos visto en Monte Albán? ¿Cuáles son diferentes? Pueden también elegir otras civilizaciones para comparar.

Episodio 5

ANTES DEL VIDEO

¿Recuerdas?

¿Qué le dijeron Rogelio y la licenciada Beltrán a Jamie?

¿Qué explicó el guía?

¿Por qué planearon Aguilar y Paco un viaje a Oaxaca?

Resumen

Una vez en Oaxaca, Carlos se reúne con Jamie. Carlos trata de explicarle por qué no le ha escrito o hablado con más frecuencia. También le muestra la carpeta que contiene el artículo del antiguo periódico sobre La Catrina y la nota misteriosa.

Al día siguiente Jamie, Carlos y Rosie van a ver una carrera en la que participa Benito López. También corre Paco Aguilar. Benito gana. El misterio de la figura del coyote que trae Jamie se complica cuando Carlos le dice que él no se la mandó. Luego van al Museo Rufino Tamayo para ver una conferencia de video presentada por la madre de Benito, la Sra. López, asesora del museo y especialista en cultura indígena.

Más tarde Jamie y Carlos hablan sobre el misterio del Mesón del Jaguar y de La Catrina.

Parece que cuando ella volvió a Querétaro, la Revolución estalló y doña Josefa no tuvo oportunidad de incluir el Mesón en su testamento. Tampoco lo incluyó su abogado, don Pedro Aguilar.

Esa noche Paco Aguilar nota que la policía vigila el Mesón del Jaguar y le pide una explicación a su padre. Silvestre Aguilar le dice que el Mesón es un centro para coleccionar y vender objetos de arte precolombinos. Aunque el negocio es ilegal, para don Silvestre no es un problema porque él tiene contactos.

La asistente de Aguilar llama al comandante Torreón para darle información falsa sobre Jamie y la figura del coyote. Poco después dos policías se presentan en el hotel de Jamie con malas noticias.

Vocabulario

bajar	ir a un lugar que está más bajo; Jamie **baja** de su habitación del cuarto piso a la recepción del hotel.
estar en bancarrota	quedarse sin dinero
entristecer	poner triste
agrario, -a	que tiene que ver con el campo y la agricultura
suponer	imaginar, creer
justo, -a	lo que se hace según la justicia o la razón
olvidar	no recordar
anterior a	antes de
posteriormente	después
enterrar	poner debajo de la tierra
el rey, la reina	persona más importante en una monarquía
el tesoro	grupo de dinero, joyas u otras cosas que tienen mucho valor
el esfuerzo	lo que se trata de hacer para conseguir algo
registrar	inspeccionar
extraño, -a	raro, -a; que no es normal
estallar	explotar; romper violentamente
vigilar	mirar lo que ocurre o lo que hace una persona; observar
el/la cómplice	persona que coopera en un crimen
la frontera	límite
grave	serio, -a

Frases importantes

habría comprendido si me hubieras escrito	*I would have understood if you had written (to) me*
¡Preparados, listos, fuera!	en deportes: lo que se dice antes de empezar una carrera
me alegro de	estoy alegre que
que (todo) te vaya bien	algo que una persona dice cuando le desea buena suerte a otra
al buen entendedor, pocas palabras (bastan)	Si escuchas inteligentemente, no necesitas una explicación larga. (equivalente en inglés: *A word to the wise is enough.*)
meter a alguien en algo	poner a una persona en un lugar o una situación desagradable
por descuido	sin cuidado o atención; negligencia
a propósito	(aquí:) deliberadamente
mantente alejado	no vayas cerca de algo o de alguien

Para pensar antes de mirar

Discuss with other students the following themes:

1. Cuando dos personas no se han visto durante mucho tiempo y se juntan otra vez, ¿creen Uds. que es necesario restablecer completamente la relación? ¿Es posible que los sentimientos hayan seguido creciendo a pesar de la separación física? Expliquen sus respuestas.

2. Quiénes creen Uds. que deben ser los propietarios de los objetos del arte prehistórico: ¿las personas que los encuentran? ¿los gobiernos de los países en donde se creó el arte? ¿cualquier persona que tenga el dinero para pagar por ellos? ¿Por qué?

DESPUÉS DEL VIDEO

¿Viste bien?

Look at the following scenes from the video. Circle the letter of the correct
ending for each statement.

1. Carlos está mostrándole a Jamie
   a. un artículo de periódico y unas notas sobre los
      problemas del restaurante El Arcángel.
   b. un artículo y una nota misteriosa sobre La Catrina
      que él encontró en la oficina de don Silvestre.

2. Paco
   a. está saludando a Jamie y diciéndole que él creía que
      ella estaba en Los Ángeles.
   b. está tratando de averiguar en qué hotel está Jamie
      para decírselo a su padre.

3. Rogelio y Jamie están hablando a solas porque
   a. Rogelio no quiere que Carlos y Jamie estén juntos
      en Oaxaca.
   b. Rogelio quiere decirle que el Mesón es un lugar
      malo.

4. Miranda, la asistente de don Silvestre, está
   a. llamando a Rogelio porque ella quiere una cita con él.
   b. llamando al comandante Torreón de la policía para
      decirle que Jamie trató de venderle un objeto de arte.

Comprensión

A. Write the letter V *(verdad)* for those statements that are true and the
letter F *(falso)* for those that are false.

_____ 1. Cuando Carlos llega al Hotel Misión, le pide a la recepcionista que le dé
la caja con la figura del coyote.

_____ 2. Carlos le explica a Jamie que trató de escribirle con más frecuencia
pero que no sabía por dónde empezar.

_____ 3. Carlos y Rosie se ven por primera vez en el hotel.

_____ 4. Cuando Paco habla con Jamie después de la carrera, le comenta que
ella todavía lleva el anillo que él le dio.

_____ 5. Cuando Jamie le da las gracias a Carlos por enviarle la figura del
coyote, Carlos está muy contento.

_____ 6. En el Museo Rufino Tamayo, la madre de Benito dice en un video que a
pesar de los esfuerzos hechos por las autoridades, el robo de tumbas
sigue en muchas partes.

_____ 7. Según Jamie, la licenciada Beltrán cree que el Mesón no fue incluido en
el testamento de doña Josefa porque don Pedro Aguilar, el abuelo de
don Silvestre y abogado de La Catrina, no lo incluyó nunca.

_____ 8. Jamie y Carlos saben lo que significa la nota que dice "Hicimos lo que
nos pidió" que él encontró en la oficina de don Silvestre.

_____ 9. Paco está contento con los negocios de arte precolombino que don
Silvestre, su padre, tiene en el Mesón del Jaguar.

_____ 10. Los policías que registran la habitación de Jamie le explican que tienen
información de que ella tiene en su posesión un objeto de arte.

B. Write in the boxes the numbers of the statements that correspond to the photos. There are two statements for each photo.

 ☐ ☐

 ☐ ☐

 ☐ ☐

 ☐ ☐

 ☐ ☐

 ☐ ☐

1. Piensa que Jamie tiene que aclarar algunas cosas sobre Carlos porque ha pasado un año desde que lo vio.

2. Gana la carrera por las calles de Oaxaca.

3. Cuando habla por teléfono a la policía, prefiere no decirle su nombre.

4. Le dice a la policía que Jamie es inocente.

5. Le lleva flores a Jamie.

6. Dice que gracias a su negocio, los coleccionistas y los museos del mundo tienen objetos maravillosos de arte.

7. Es miembro de un comité que debe proteger a México del tráfico ilegal de arte precolombino.

8. Quiere que la policía registre la habitación 419 del Hotel Misión.

9. Dice que ya no es un niño y que necesita saber lo que ocurre.

10. Según Rosie, es el guía más rápido de Oaxaca.

11. Pregunta por qué la policía está vigilando el Mesón del Jaguar.

12. No entiende cómo Paco se atreve a saludarlos a él y a Jamie después de la carrera.

Práctica de palabras

Circle the correct word in parentheses for each of the following quotations from the video.

1. " . . . pero Carlos, necesito saber por qué no me has (robado / escrito / visto) durante este tiempo. ¿Qué quieres que piense?"

2. " . . . no es demasiado justo. Yo corro todos los días y los otros sólo los (anillos / fines / ganadores) de semana."

3. "En México, durante los (periódicos / museos / siglos) anteriores a la conquista española en 1521, hubo tres grandes centros de cultura indígena . . . "

4. " . . . doña Josefa de González estaba metida en actividades—en actividades revolucionarias—que, al parecer, eran muy (legales / arqueológicas / peligrosas)."

5. "Jamie, ¿tú crees que alguna vez podamos estar como estuvimos el (verano / asunto / testamento) pasado?"

6. "Bien, pero en Querétaro . . . terminé siendo (coleccionista / cómplice / universal). Lo que tú haces me afecta a mí."

7. "¡La policía! Tengo contactos, recuerda. Y si la señorita González se (protege / aleja / mete) donde no debe, va a tener problemas."

Para escribir

Look at the following scene from the video and, on a separate sheet of paper, write a short paragraph explaining what Jamie is telling Rosie to do and why.

Predicciones

En el Episodio 6, hay una persona inesperada que se ofrece para ayudar a Jamie. ¿Puedes imaginarte quién es?

PERSPECTIVAS CULTURALES

NOTA CULTURAL: Los muralistas y Rufino Tamayo

Los tres grandes representantes del muralismo mexicano son Diego Rivera, José Clemente Orozco y David Alfaro Siqueiros. Estos tres artistas expresaron en su arte las luchas de México para crear una sociedad más justa durante la primera parte del siglo XX. Utilizaron el mural como su forma preferida de expresión, pintando en el yeso fresco como lo habían hecho los grandes maestros italianos del Renacimiento: Miguel Ángel, da Vinci, Uccello.

Pero su arte tiene profundas raíces en la cultura indígena (Teotihuacán, Chichén Itzá, Bonampak). Su preferencia por el mural refleja sus fines políticos: comunicarse con un pueblo que en ese momento, sin educación y sin dinero, no tenía acceso al mundo de museos y galerías de arte.

Rufino Tamayo nació en Oaxaca en 1898. Compartía con Rivera y los otros muralistas un gran entusiasmo por el arte precolombino. Pero se distinguió de ellos en el estilo de su arte: un abstraccionismo mucho más ligado a los artistas modernos de Europa como Matisse y Picasso. Aunque las pinturas de Tamayo reflejan el ambiente tropical del sur de México y su fascinación por el arte precolombino, sus obras atraviesan las fronteras nacionales. Lo más notable de su obra es su falta de realismo: las figuras y objetos parecen estar desplazados fuera de cualquier orden normal, como en la pintura que se ve en el Episodio 5, "Mandolinas y Piñas."

Rechazando los fines políticos del muralismo, Tamayo utilizó más la pintura de caballete. Sus magníficas obras modernas forman parte de la colección del Museo Rufino Tamayo en la Ciudad de México.

Lo mismo que había hecho Rivera en el Museo Anacahualli en la Ciudad de México, Tamayo donó su colección privada de dos mil piezas para establecer en Oaxaca el Museo Rufino Tamayo.

Vocabulario de la nota cultural

la lucha	*la pelea*
el yeso fresco	*la última capa en la construcción de un muro o pared* (fresh plaster)
los grandes maestros	the great masters
profundas	*fuertes*
fines	*objetivos*
ligado	*unido*
atravesar	*ir más allá de*
desplazados	*movidos*
rechazar	*no aceptar*
la pintura de caballete	*pintar en lienzo con un soporte* (easel painting on canvas)

Preguntas

1. ¿Qué tiene en común Rufino Tamayo con los grandes muralistas mexicanos? ¿En qué se diferencia su arte?

2. ¿Puedes nombrar algún pintor o muralista moderno que ha sido influido por los grandes pintores de Europa pero que tiene su propio estilo?

Contrastes de lengua: Los dialectos del español

El español que se habla en las diferentes partes del mundo es muy parecido de país en país. Sin embargo, existen diferencias de vocabulario. Las palabras a continuación indican algunas de las diferencias entre el español de México y el de España o de otros países de habla española (por supuesto, hay variantes según el país).

En México se dice . . .	En otros países se dice . . .
la alberca	la piscina, la pileta
el camión	el autobús, la guagua
el carro	el coche, el auto
el durazno	el melocotón
el guajolote	el pavo
el jugo	el zumo
la licencia	el carnet de conducir, el permiso de manejar
la recámara	el dormitorio
el tránsito	el tráfico
platicar	charlar, hablar
rentar	alquilar
reparar	arreglar
¡Bueno! *(teléfono)*	¡Diga! ¿Aló?
¿Mande?	¿Cómo?

Pregunta

Busca las variantes del significado de una palabra. Por ejemplo, *guagua* puede significar "bebé" o "autobús," según el país. Elige tres palabras de esta lista u otras palabras que conozcas que puedan tener más de un significado y preséntalas a un(a) compañero(a).

Para investigar

Con un(a) compañero(a), busca información sobre un(a) artista. Puede ser alguien de un país hispanohablante o de otro país. Busquen ejemplos de sus obras y preséntenlas a sus compañeros(as) de clase.

Episodio 6

Antes del video

¿Recuerdas?

¿Qué le dijo Carlos a Jamie?

¿Qué le preguntó Paco a su padre?

¿Qué pasó en esta escena?

Resumen

Carlos y Rosie visitan a Jamie en la cárcel. Los tres hablan sobre lo que deben hacer para sacarla de allí. Luego Carlos y Rosie hablan con la licenciada Beltrán, quien sugiere—lo mismo que Jamie—que pidan ayuda en el Consulado estadounidense.

Carlos y Rosie van al Consulado, y luego Carlos va con la licenciada Beltrán a hablar con el comandante Torreón. Mientras tanto, Benito le informa a Rosie que, según es costumbre en tales casos, la policía le ha pedido a la Sra. López, asesora del Museo Rufino Tamayo, que verifique la autenticidad de la figura. Las autoridades tratan de averiguar el origen de la figura del coyote: si es auténtica, ¿cómo es que Jamie la tiene? ¿Para qué la ha traído a México?

Finalmente Carlos recibe una llamada sorprendente de Paco Aguilar. Éste le dice que sabe que Jamie está en la cárcel y quiere ayudar, pero Carlos le dice que no necesitan su ayuda y que se mantenga alejado.

Vocabulario

apuntarse	escribir su nombre
confiar en	tener seguridad en
disculparse	pedir perdón
el cargo	la acusación
valioso, -a	que cuesta mucho o se aprecia mucho
enterarse de	informarse; llegar a saber
el ciudadano, la ciudadana	la persona que es de un país
incapaz	que no tiene capacidad o aptitud para hacer algo
la cárcel	prisión
la ley	código de conducta o normas establecidas por las autoridades
apuntar	indicar
verificar	mostrar que algo es auténtico; confirmar
cualquier	se dice de algo o alguien sin especificar cuál: **Cualquier** turista que tenga problemas puede ir a su consulado.
la justicia	lo que es justo según el derecho o la razón

Frases importantes

no te preocupes   cálmate; no te tienes que alarmar

sacar bajo fianza   sacar a alguien de la cárcel después de dejar dinero como garantía

supuestamente   cuando se cree o es posible algo

resulta que   como consecuencia o efecto

Para pensar antes de mirar

Discuss with other students the following themes:

1. Imagínense que hay un(a) ciudadano(a) estadounidense acusado(a) de un crimen en otro país. ¿Creen Uds. que los Estados Unidos deben meterse en el proceso legal del otro país para ayudar a esa persona? ¿Deben los Estados Unidos pedir la extradición de esa persona para ser juzgada aquí? ¿O debe esa persona quedarse en el otro país para ser juzgada allí?

2. Ahora imagínense que un(a) visitante de otro país es acusado(a) de un crimen en los Estados Unidos. ¿Creen que se debe juzgar a esa persona en este país, o sería mejor llevarla a su país para que sea juzgada allí? ¿Por qué?

3. En su opinión, ¿qué es la justicia? Hablen de un juicio *(trial)* famoso que haya ocurrido recientemente. ¿Están todos de acuerdo con la decisión del juez o del jurado? ¿Por qué sí o por qué no?

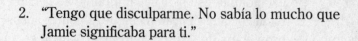

Después del Video

¿Viste bien?

Draw a line connecting the correct quote to each photo. There is only one quote for each photo.

1. "Nuestro deber es proteger a los ciudadanos estadounidenses. Hablaré con la policía y veré lo que puedo hacer por ella."

2. "Tengo que disculparme. No sabía lo mucho que Jamie significaba para ti."

3. "Rosie, creo que debes saber algo; mi mamá está hablando con la policía . . . "

4. " . . . he hablado con la policía de Querétaro y de Los Ángeles. Sé que heredó propiedades . . . "

5. "¡Dígale que no puedo hacer nada más!"

6. "Ya sé que están aquí por lo de Jamie. La policía me ha llamado. Siéntense, por favor."

7. "Mira, no quiero estar mucho tiempo aquí. Quizás los dos podrían ir al Consulado estadounidense aquí, en Oaxaca."

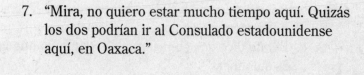

8. "Te entiendo perfectamente. ¡Mantente alejado!"

Comprensión

A. In each of the following groups of sentences there is one that is false.
Circle the letter of the statement that is false in each group.

1. a. En la cárcel, Jamie les dice a Carlos y a Rosie que le gusta la comida que le sirven allí.
   b. En la cárcel, Jamie le dice a Rosie que no debe llamar a sus padres todavía.
   c. En la cárcel, Jamie les dice que el dormir no es un problema.

2. a. La licenciada Beltrán no está segura de si puede sacar a Jamie de la cárcel bajo fianza porque Jamie es extranjera y los cargos contra ella son muy graves.
   b. La licenciada Beltrán dice que Rosie no debe pedir ayuda al Consulado estadounidense para sacar a Jamie de la cárcel.
   c. La licenciada Beltrán dice que la policía sospecha de Jamie porque es la propietaria del Mesón, porque el Mesón es un centro de tráfico ilegal de arte y porque la figura del coyote puede ser muy valiosa.

3. a. La cónsul de los Estados Unidos cree que la acusación contra Jamie por tráfico ilegal de arte precolombino es muy grave.
   b. La cónsul dice que no puede hablar con la policía todavía.
   c. La cónsul dice que va a ver lo que puede hacer para ayudar a Jamie.

4. a. La licenciada Beltrán y Carlos le explican al comandante Torreón que Jamie no ha tenido ningún problema con la ley antes.
   b. El comandante Torreón no sabe que Jamie heredó las propiedades de La Catrina en un juicio.
   c. La licenciada Beltrán le sugiere al comandante Torreón que tal vez él deba seguir de cerca a don Silvestre.

5. a. Cuando la asistente de Silvestre Aguilar, Miranda, habla con el policía Contreras, él dice que todo se está complicando mucho.
   b. En su conversación con Miranda, Contreras dice que él no puede hacer nada más.
   c. Miranda cree que a don Silvestre Aguilar le va a gustar que Contreras no quiera seguir dándoles información.

6. a. Cuando Rosie habla con Benito, él ya sabe que Jamie está en la cárcel.
   b. Benito cree que la policía sí tiene derecho de acusar a Jamie porque tiene que hacer su trabajo, como en cualquier otro país del mundo.
   c. Benito dice que su madre está segura de que la figura del coyote no es auténtica.

7. a. Paco Aguilar llama a Carlos porque sabe que Jamie está en la cárcel y quiere ayudar.
   b. Paco Aguilar llama a Carlos porque quiere saber cuándo Jamie va a volver a los Estados Unidos.
   c. Carlos le dice a Paco que no necesitan su ayuda.

B. Look at the following scenes from the video. Circle the letter of the correct ending for each statement.

1. Carlos y Rosie
   a. visitan a Jamie en la cárcel por primera vez porque no les han permitido verla hasta ahora.
   b. visitan a Jamie en la cárcel por segunda vez porque no han podido encontrar a nadie para ayudarles.

2. El comandante Torreón de la policía
   a. dice que habló con la policía de Querétaro y la de Los Ángeles y que le informaron sobre Jamie.
   b. dice que don Silvestre Aguilar es una persona importante y que por eso la policía prefiere no seguirlo de cerca.

3. Contreras, el policía, está hablando con Miranda, la asistente de don Silvestre
   a. porque él quiere saber cuánto le van a pagar por la información secreta que él les da sobre la situación de Jamie.
   b. porque él ya no quiere cooperar con ellos porque cree que la situación es muy peligrosa.

4. Este hombre
   a. se está despidiendo de Benito porque es su entrenador y acaban de terminar el entrenamiento de ese día.
   b. está felicitando a Benito porque le han nombrado el mejor guía del año.

Práctica de palabras

Below are several quotes that have a missing word. Choose the correct word from the list and write it in the appropriate blank.

anónima	cárcel	graves	preocupes
auténtica	derecho	ley	proteger

1. "No te _____ por nada. Te voy a sacar de aquí."

2. ". . . Jamie es extranjera y los cargos contra ella son muy _____ ."

3. "Recibieron una llamada _____ diciendo que Jamie pensaba vender el objeto de arte."

4. "Como sabe, la señorita González no ha tenido ningún problema con la _____ ."

5. "Nuestro deber es _____ a los ciudadanos estadounidenses. Hablaré con la policía . . ."

6. "La policía no tiene _____ de acusarla de nada."

7. "Si es _____, la figura vale mucho."

8. "He sabido que Jamie está en la _____ y quiero ayudar . . ."

Para escribir

Look at the following scene from the video and, on a separate sheet of paper, write a short paragraph explaining why you think Paco is telling Carlos he wants to help Jamie.

Predicciones

En el Episodio 7, Rogelio descubre una cosa que puede ayudar a Jamie a probar su inocencia. ¿Puedes adivinar de quién se trata este descubrimiento?

PERSPECTIVAS CULTURALES

NOTA CULTURAL: Los derechos de los extranjeros

Cada país tiene sus propias leyes con respecto a los derechos de sus ciudadanos. Los extranjeros que viven fuera de su propio país generalmente no disfrutan de los mismos derechos, aunque tienen protección legal según ciertas leyes internacionales. Claro está que esa protección no incluye el derecho de violar las leyes locales. En cuanto al tráfico ilegal de objetos de arte, los Estados Unidos y México tienen un acuerdo especial para castigar a cualquier persona culpable de tal crimen.

La mayoría de los países tienen representación diplomática en otros países. Por ejemplo, México tiene una embajada en Washington y también muchos consulados en varios estados de este país. Esta embajada (o consulado) tiene la obligación de ofrecer ciertos servicios, consejos o socorro a cualquier ciudadano mexicano que lo necesite. Del mismo modo, los Estados Unidos tienen representación en México. Por eso es totalmente lógico que Jamie pida ayuda a la Cónsul estadounidense (oficial y jefa del consulado) en Oaxaca.

Vocabulario de la nota cultural

el extranjero, la extranjera	*Jamie es **extranjera** en México; no es ciudadana.*
disfrutar	*(aquí:) tener*
el acuerdo	*un entendimiento legal entre dos gobiernos*
castigar	*sancionar*
culpable	*responsable; persona que causa o que ha cometido un crimen*
el socorro	*la ayuda*

Pregunta

En los Estados Unidos, ¿qué derecho(s) tienen los ciudadanos del (de los) que no disfrute un extranjero o visitante?

Nota lingüística: ¿Cuál: americano — norteamericano — estadounidense?

Técnicamente, cualquier ciudadano de un país de las Américas es *americano.* Por eso en la lengua formal, para ser más exacto, se dice *norteamericano* con respecto al habitante de los Estados Unidos (o Canadá). *Estadounidense* es más formal y aun más exacto. Sin embargo, informalmente es común referir a los que son de los Estados Unidos como *americanos.*

Pregunta

¿Por qué no es técnicamente correcto referir a la gente de Estados Unidos como "americana"?

Para investigar

Con un(a) compañero(a), investiguen lo siguiente: ¿Cuándo necesitarían ir los turistas que vienen aquí a una embajada o a un consulado de su propio país? ¿Cuándo necesitarían ir Uds. a una embajada o a un consulado de otro país? ¿Qué tipo de servicios ofrecen? ¿Qué hacen los oficiales de estas instituciones? ¿Les gustaría trabajar en una de estas instituciones o estudiar una carrera *(career)* diplomática? ¿Por qué?

Episodio 7

ANTES DEL VIDEO

¿Recuerdas?

Según la licenciada Beltrán, ¿por qué ha detenido la policía a Jamie?

¿Dónde ocurrió esta escena?

¿Cómo justificó Benito la actuación de la policía?

Resumen

Rogelio va a la oficina de Archivos Oficiales de Oaxaca para buscar información sobre el Mesón del Jaguar. Cuando Marañon, el archivista, sale de la oficina, Rogelio empieza a buscar entre unos documentos y encuentra algo que relaciona a Silvestre Aguilar con el Mesón. Por otro lado, y gracias a la intervención de sus amigos, las autoridades le permiten a Jamie salir de la cárcel aunque con algunas condiciones.

Para celebrar la puesta en libertad de Jamie, Benito les invita a todos a comer a su casa. Después, Carlos sugiere que vayan a los bailes de la Guelaguetza, una de las celebraciones más populares de Oaxaca. Esa noche, Jamie y Carlos hablan del futuro, que ni para ella ni para él es muy claro.

Mientras tanto, Silvestre Aguilar recibe la mala noticia de que Jamie González ha salido de la cárcel. También le informan que la vasija con coyote es auténtica y valiosa. Sus asistentes creen que no deben seguir usando el Mesón pero Aguilar no está de acuerdo. Se ha descubierto una tumba nueva y él quiere averiguar si contiene piezas valiosas.

La licenciada Beltrán se reúne con Jamie y con Carlos y les informa sobre lo que Rogelio ha averiguado: en efecto, es Aguilar quien paga los impuestos del Mesón. Según ella, lo que falta es verificar la sospecha de que el Mesón se usa como almacén de objetos de arte robados.

Vocabulario

el impuesto	dinero que paga la gente al gobierno o al estado
probar	mostrar la verdad o la evidencia de algo
el/la culpable	la persona responsable de una situación mala
el placer	gusto; satisfacción
el quesillo	el queso
el cariño	afecto, amor
la puesta en libertad	dejar que alguien o algo se vaya
el lavadero	lugar donde se lava la ropa
demostrar	probar; mostrar
libre	sin restricciones
la clave	la llave; lo esencial; la explicación
el almacén	(aquí:) depósito; lugar grande donde se guardan cosas para vender
malvado, -a	malo, -a

Frases importantes

salir de un lío	dejar o escapar de una situación mala
volver a hablar	hablar otra vez
me muero de hambre	tengo mucha hambre
dentro de	en un período (de tiempo)
no te chivees	no tengas vergüenza
me da mucho gusto	me alegro de; estoy contento(a) por
salir bien	tener buen resultado
tender una trampa	poner a alguien en una situación que puede causarle daño
tener que ver	tener alguna relación: No quiero **tener** nada **que ver** con ese negocio.

Para pensar antes de mirar

Discuss with other students the following themes:

1. Nombren algunas ciudades de los Estados Unidos en las que se celebran festivales famosos. ¿Cuáles son estos festivales y cuál es el origen?

2. En su opinión, ¿por qué es costumbre celebrar las grandes ocasiones con comidas especiales? ¿Hay celebraciones en las que una de las reglas es no comer? ¿Cuál(es)?

3. Cuando dos personas están enamoradas pero viven en lugares o países diferentes, ¿creen que es posible que su relación siga en el futuro? ¿Por qué?

4. A veces las personas tienen que correr riesgos *(risks)* para conseguir lo que quieren. ¿En qué situaciones creen Uds. que se justifica correr riesgos? Den algunos ejemplos.

DESPUÉS DEL VIDEO

¿Viste bien?

Look at the following scenes from the video and circle the letter of the correct answer to each question.

1. ¿Qué está leyendo Rogelio en la oficina de Archivos Oficiales de Oaxaca?
   a. Una carta de la cónsul de los Estados Unidos que dice que Jamie no es culpable y debe salir de la cárcel.
   b. Un documento que indica que don Silvestre Aguilar ha estado pagando los impuestos del Mesón del Jaguar.

2. Según la licenciada Beltrán, ¿qué condición tiene que observar Jamie para poder salir de la cárcel?
   a. Que Jamie no puede salir del hotel hasta que toda la investigación se termine.
   b. Que según la policía, Jamie no puede salir de la ciudad de Oaxaca hasta que la situación se haya aclarado.

3. Según uno de los asistentes de don Silvestre Aguilar, ¿quién le mandó la figura del coyote a Jamie?
   a. Alguien muy cercano a don Silvestre Aguilar.
   b. Alguien de las autoridades que quiere terminar con el negocio de don Silvestre.

4. Según la licenciada Beltrán, ¿qué es lo único que falta para demostrar la inocencia de Jamie?
   a. Que Jamie tiene que pagar los impuestos del Mesón.
   b. Verificar que realmente hay tráfico ilegal de arte en el Mesón.

Comprensión

A. Circle the letter of the correct ending for each statement based on the video.

1. En la oficina de Archivos Oficiales de Oaxaca, Rogelio descubre
   a. que el señor Marañón, el archivista, le ha dado información falsa a don Silvestre.
   b. que aunque el Mesón está a nombre de la bisabuela de Jamie, es don Silvestre quien paga los impuestos.
   c. que el Mesón es un centro de estudios de arte precolombino.

2. Cuando Jamie sale de la cárcel municipal de Oaxaca, Benito les invita a todos
   a. a una comida en uno de los mejores restaurantes de Oaxaca.
   b. a una conferencia que su madre tiene esa tarde en el Museo Rufino Tamayo.
   c. a una comida típica de Oaxaca en su casa.

3. La señora López le dice a su hijo Benito
   a. que ella ya tiene toda la información sobre la figura del coyote.
   b. que la figura del coyote no tiene mucho valor.
   c. que tendrá toda la información sobre la figura del coyote en dos o tres días.

4. En una conversación con Benito en su casa, Rosie le dice
   a. que ella tiene que volver pronto a Los Ángeles porque su novio la está esperando.
   b. que ella sí tiene un amigo en Los Ángeles, pero que es sólo un buen amigo.
   c. que ella va a quedarse en Oaxaca.

5. Cuando sus asistentes le dicen a don Silvestre que es posible que la figura del coyote sea auténtica y no una copia, don Silvestre
   a. no está sorprendido porque sabe que hay un traidor.
   b. está sorprendido porque él creía que se habían llevado todo lo que tenían en la antigua Hacienda la Jacaranda.
   c. dice que no está sorprendido porque él sabe quién se la envió a Jamie.

6. Don Silvestre
   a. cree que él y sus asistentes pueden seguir usando el Mesón por mucho tiempo para sus negocios.
   b. sabe que no pueden seguir usando el Mesón por mucho tiempo y dice que deben irse de allí lo más pronto posible.
   c. sabe que no pueden seguir usando el Mesón por mucho tiempo, pero quiere continuar allí porque todavía tiene algunos negocios por terminar.

7. Miranda, la asistente de don Silvestre,
   a. está de acuerdo con don Silvestre con que, por el momento, es mejor continuar los negocios en el Mesón.
   b. tiene que intentar hablar con el policía Contreras otra vez.
   c. no se preocupa por lo que pasa en el Mesón, porque ella tiene contactos con la policía.

B. Draw a line connecting each statement to the corresponding photo. There are two statements for each photo.

1. El policía Contreras dice que no quiere tener nada más que ver con don Silvestre.

2. Jamie dice que lo primero que quiere hacer es comer.

3. En este momento romántico, Carlos le canta a Jamie una canción de amor.

4. Aunque la han puesto en libertad, no todos los problemas de Jamie están resueltos. Ahora tiene que probar su inocencia.

5. Este papel ilustra el plan que la licenciada Beltrán, Carlos y Rogelio tienen para demostrar la inocencia de Jamie.

6. Miranda, la asistente de don Silvestre, piensa que Contreras es estúpido porque no quiere cooperar más.

7. Según el plan para comprobar la inocencia de Jamie, lo más importante es verificar si realmente hay tráfico ilegal de arte en el Mesón.

8. Las palabras que se oyen en este momento están dedicadas a Jamie y hablan sobre sus ojos.

Práctica de palabras

Circle the correct word in parentheses for each of the following quotations from the video.

1. "¿Qué hay que hacer para salir de este (estado / documento / lío)?"

2. "Hasta que los problemas con respecto al Mesón y a la figura no se hayan aclarado, no podrás (pagar / probar / desear) tu inocencia."

3. "¡Pero ahora tenemos que encontrar a los verdaderos (lavaderos / culpables / proyectos), a los que están detrás de todo esto!"

4. "Ah, éste es mole negro. Tiene chiles, plátano, especias. . . . Y ésos son (bailes / negocios / tamales) vegetarianos."

5. "Gracias a ti y a los otros estoy libre. Ya sabes que eres una gran (copia / vasija / ayuda) para mí."

6. "Las autoridades quieren (terminar / descubrir / sorprender) con ese negocio tan importante que empezó mi padre."

7. "La (relación / clave / inocencia) es el Mesón del Jaguar; la licenciada Beltrán sospecha que se utiliza como almacén de objetos originales de arte precolombino."

Para escribir

In this scene, Jamie is telling Carlos her concerns about the future of their relationship. On a separate sheet of paper, write a short paragraph explaining whether you feel that these concerns are valid or not. In your opinion, what should Jamie do? What should Carlos do?

Predicciones

En el Episodio 8, don Silvestre Aguilar va a recibir visitas de varias personas. ¿Puedes adivinar quiénes son estas personas?

PERSPECTIVAS CULTURALES

NOTA CULTURAL: La Guelaguetza

Oaxaca tiene varias fiestas durante el año, pero la Guelaguetza es la mayor y la más famosa. Tiene lugar en julio para asegurar una buena cosecha. Se celebra con bailes de las varias regiones del estado de Oaxaca. Originalmente fue un festival zapoteca en honor de su dios de la lluvia y la fertilidad, Centéotl. Como en muchos casos en México donde hay una mezcla de las tradiciones precolombinas y cristianas, la fiesta ha sido adoptada por la iglesia católica en honor de la Virgen del Carmen. Sin embargo, sigue identificada con la tradición indígena.

Los españoles adaptaron muchas de las tradiciones y costumbres pre-hispánicas y las convirtieron en celebraciones cristianas. Por ejemplo, el Día de los Muertos tiene su origen en el concepto indígena de que las almas de los muertos vuelven cada año para visitar a sus parientes, quienes les preparan sus comidas favoritas y las llevan a los cementerios. A pesar de este origen totalmente fuera de las creencias cristianas, hoy se celebra en México como el Día de Todos los Santos.

La veneración de la Virgen de Guadalupe tiene un origen semejante. Según la tradición, la Virgen se apareció a un indio pobre, Juan Diego, mientras caminaba al pie del cerro Tepeyac. La imagen de la patrona quedó milagrosamente grabada en su manta. Hay que notar que es en ese mismo cerro donde estaba antes el Templo de Tonantzín, la antigua diosa que adoraban los aztecas, y que la nueva Virgen tiene facciones indígenas. Desde 1910 todo México celebra este milagro el día 12 de diciembre.

Vocabulario de la nota cultural

la cosecha	*el producto maduro agrícola*
el alma	*parte espiritual de la persona*
los parientes	*los familiares*
semejante	*similar*
milagrosamente	*de manera extraordinaria, que no se puede explicar*
la manta	*blanket, rug; poncho*
facciones	*apariencia física; rasgos faciales (de la cara) de una persona*

Pregunta

En grupo, hablen de una fiesta que celebran personas de otra cultura. ¿Cómo la celebran? Si no conocen ninguna, pregunten a algún (alguna) compañero(a) que venga de otro país o de otra cultura, y expliquen a la clase lo que averigüen.

Contrastes de cultura: El mole

Cuando los conquistadores llegaron a México en el siglo XVI, descubrieron muchos alimentos que jamás habían visto en Europa, como la papa, el tomate y el cacao. El cacao, un fruto empleado por los aztecas para preparar su tchocolatl, fue transformado por los europeos en la bebida moderna del chocolate. En México el cacao sirve también de base en la elaboración de la salsa, el mole.

La palabra mole viene de mulli, una salsa con varios ingredientes y que se prepara de diferentes formas. Algunos de estos ingredientes son: cacahuates, almendras, plátanos, ajo y chocolate. El chocolate es el que le da el color característico al mole. Se usa con pollo, pavo, enchiladas o tamales, y es una gran especialidad en muchas partes de México.

El mole negro de Oaxaca es una versión local muy rica. México todavía conserva el regionalismo en la preparación de las comidas. Por ejemplo, Jalisco es famoso por su pozole. De Veracruz viene el huachinango a la Veracruzana. En el Yucatán las comidas reflejan la influencia maya, por ejemplo, el queso relleno o la sopa preparada con limas.

Vocabulario

el pozole	*sopa de carne con maíz y chile*
el huachinango	*tipo de pescado*
la sopa de limas	*sopa preparada con pollo, tortilla y limas* (limes)

Pregunta

Nombra algunos de los platos regionales de los Estados Unidos. ¿Cuál es tu favorito? ¿Con qué ingredientes se hace?

Para investigar

Los diferentes grupos de personas que han llegado a los Estados Unidos han traído su forma de vida y sus costumbres. Con un(a) compañero(a), investiguen lo siguiente: ¿Qué países han influido en la comida de los Estados Unidos? ¿Cuáles son algunos de los ingredientes que hemos importado?

Episodio 8

ANTES DEL VIDEO

¿Recuerdas?

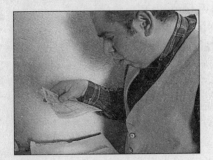

¿Qué descubrió Rogelio?

¿De qué hablaron Jamie y Carlos?

Según Carlos, ¿cuál es la clave para demostrar la inocencia de Jamie?

Resumen

La Sra. López verifica que la figura del coyote es una pieza auténtica precolombina, pero también dice que no ha sido robada del museo. Sin embargo, como todavía no han podido averiguar su origen, Jamie queda bajo sospecha.

Mientras tanto, la policía interroga a Silvestre Aguilar al lado de la piscina de su hotel. A Aguilar no le gusta cuando la policía le hace unas preguntas sobre el comercio ilegal de arte precolombino. Don Silvestre piensa que le están acusando, pero el comandante Torreón le dice que sólo está haciendo lo que tiene que hacer como policía federal.

Esa noche, mientras duerme, Aguilar tiene un sueño en el que ve a La Catrina.

Jamie y sus amigos se reúnen, y Benito sugiere un plan para atrapar a Aguilar. Se ha descubierto una nueva tumba cerca de Monte Albán. Sin duda, esta nueva tumba va a representar una tentación muy grande para Aguilar y para los ladrones que trabajan para él. Jamie y sus amigos van a ver a un muchacho que Benito conoce, que vive cerca del Mesón. Luego ellos van a informar a la policía sobre lo que han averiguado.

Silvestre Aguilar le dice a su hijo, Paco, que piensa salir de Oaxaca dentro de unos días porque necesita un descanso. Paco, sorprendido, le dice que no quiere que le ocurra nada malo a Jamie.

Vocabulario

la pesadilla	un sueño malo
sermonear	dar un sermón
la red	grupo, organización de personas o establecimientos
el funcionario, la funcionaria	persona que trabaja para el estado de un país; que tiene un empleo público
cumplir con	hacer, ejecutar algo que es una obligación
dondequiera	en cualquier parte
la pista	algún tipo de señal o información que puede revelar algo
un fantasma	visión, aparición
ni siquiera	negación fuerte: No quiero **ni siquiera** pensar en el examen.
¡lárgate!	véte ahora; sal de aquí
evitar	tratar de no hacer algo
el desconocido, la desconocida	que no se conoce
a través de	pasando por en medio; por medio de
agradecer	dar las gracias
agotado, -a	totalmente cansado, -a

Frases importantes

se cubre las espaldas	se protege contra los enemigos
por su cuenta	cuando se hace algo sin pedir permiso; actuando independientemente
un don nadie	expresión irónica que combina *don*—trato de respeto—con *nadie;* una persona sin importancia
en contra suya	en su oposición

Para pensar antes de mirar

Discuss with other students the following themes:

1. Hay varias teorías sobre el origen y el significado de los sueños. ¿En qué están basadas estas teorías? Para Uds., ¿qué significan los sueños?

2. ¿Piensan Uds. que la gente siempre debe ayudar a la policía en sus investigaciones? ¿Por qué? ¿Cómo se sabe cuándo la gente no debe hacer nada más sino dejar que la policía haga su trabajo?

3. ¿Deben los hijos obedecer siempre a sus padres o a los que son mayores? ¿Cuándo deben decir los jóvenes que no están de acuerdo con los adultos?

4. ¿Hay diferencias en la relación entre los padres y los hijos en otras culturas? ¿Saben Uds. cuáles son algunas de esas diferencias? Si no saben, pueden hablar con los compañeros que son de diferentes culturas y luego comparar sus respuestas.

DESPUÉS DEL VIDEO

¿Viste bien?

Look at the following scenes from the video. For each scene, choose the correct description and write the number of the description in the corresponding box.

1. Benito le pregunta a un hombre cómo llegar a una nueva tumba que han descubierto en Monte Albán porque quiere robarla.

2. Estas personas están en la oficina del comandante Torreón porque quieren que él proteja a Jamie contra los asistentes de Aguilar.

3. Don Silvestre se acaba de despertar porque un ladrón entró en su habitación para robar una figura precolombina valiosa.

4. Dos policías han ido a hablar con don Silvestre Aguilar porque quieren hacerle algunas preguntas, pero él no quiere contestar nada.

5. Estas personas están en una fiesta elegante en la piscina del Club de Oaxaca.

6. Un muchacho que Benito conoce le está diciendo dónde puede encontrar a un hombre que se llama Espinal y que roba objetos de las tumbas para vendérselos a Aguilar.

7. La licenciada Beltrán, Jamie, Carlos, Rosie y Benito están hablando con Torreón porque quieren que investigue la conexión entre Espinal y don Silvestre.

8. Don Silvestre se despierta y está sorprendido porque el fantasma de La Catrina lo visita en su habitación y lo acusa de ser un ladrón.

Comprensión

A. Write the letter V *(verdad)* for those statements that are true and the letter F *(falso)* for those that are false.

_____ 1. La señora López, asesora del Museo Rufino Tamayo y madre de Benito, dice que la figura del coyote sí es una pieza auténtica precolombina.

_____ 2. Don Silvestre Aguilar cree que la policía no está acusándole de nada.

_____ 3. Aguilar les dice a los agentes de la policía que ellos deben interrogar a Jamie en vez de interrogarlo a él.

_____ 4. El comandante Torreón de la policía le dice a don Silvestre que nunca le va a hacer más preguntas y que no tiene que preocuparse.

_____ 5. El fantasma de La Catrina le dice a don Silvestre que el abuelo de él, su abogado, la ayudó cuando compró el Mesón del Jaguar, pero que nunca lo incluyó en el testamento de ella.

_____ 6. Benito no cree que el descubrimiento de la nueva tumba en Monte Albán pueda usarse para tratar de implicar a don Silvestre en las actividades ilegales del Mesón del Jaguar.

_____ 7. Un muchacho que Benito conoce le dice que Espinal, un ladrón de tumbas que lleva cosas al Mesón, lleva una chaqueta roja.

_____ 8. Al comandante Torreón le gusta la idea de que Jamie y sus amigos están investigando por su cuenta.

_____ 9. El comandante Torreón dice que no han arrestado a Silvestre Aguilar porque ha sido imposible probar algo en contra suya.

_____ 10. Cuando don Silvestre Aguilar le dice a su hijo Paco que quiere que vaya con él a España, Paco le dice que está bien, pero que no quiere que le ocurra nada malo a Jamie.

B. Look at the following scenes from the video. There are three statements for each scene. Write in the boxes the numbers of the statements that correspond to each scene.

☐ ☐ ☐

☐ ☐ ☐

☐ ☐ ☐

☐ ☐ ☐

1. En este momento, Benito presenta al grupo un plan para atrapar a Aguilar.

2. En este momento, don Silvestre Aguilar está hablando con dos agentes de la policía que quieren hacerle algunas preguntas.

3. Durante esta conversación, Rosie dice que la nueva tumba en Monte Albán probablemente será una gran tentación para don Silvestre.

4. Los asistentes de don Silvestre están con él en este momento en caso de que necesite protección.

5. Benito acaba de averiguar el nombre de Espinal, el ladrón de tumbas.

6. Don Silvestre acaba de decirle a Paco que va a hacer un viaje porque está agotado.

7. Jamie cree que le deben decir a la policía la nueva información que ella y sus amigos han obtenido.

8. En esta conversación, don Silvestre indica que no quiere viajar solo a España.

9. Don Silvestre está diciendo que no está relacionado con actividades ilegales.

10. Durante esta conversación, una persona sospecha que Silvestre Aguilar puede estar planeando hacerle algo malo a Jamie.

11. Benito dice que ya sabe cómo encontrar e identificar a una persona que puede implicar a don Silvestre en actividades ilegales.

12. Rogelio cree que la razón por la que los periódicos no han dicho nada sobre la nueva tumba es para evitar que los ladrones la roben.

Práctica de palabras

Circle the correct word in parentheses for each of the following quotations from the video.

1. "He verificado que la figura de la vasija silbadora con coyote es una pieza (turística / irresponsable / **auténtica**) precolombina."

2. "Sólo queremos descubrir la red de (diputados / **contrabandistas** / vasijas) que hay aquí, en Oaxaca."

3. "Cumplo con mi deber como policía federal. Voy dondequiera que las (guardaespaldas / **pistas** / figuras) me llevan."

4. "¡No me hables del testamento! La gringa lo usó una vez para (sermonearme / **quitarme** / escribirme) todas las propiedades de Querétaro—y ahora quiere hacer lo mismo aquí."

5. "Si el Mesón es un almacén para objetos que se obtienen ilegalmente, tenemos que (**averiguar** / excavar / ayudar) quién los roba para Aguilar."

6. " . . . y por supuesto que vamos a investigar cualquier relación que existe entre Aguilar y este Espinal . . . pero, . . . le recomiendo que nos (acuse / **deje** / espere) hacer las investigaciones a nosotros."

7. "Mira, Paco, quería decirte que pasado mañana tomaré unos días de descanso. Estoy verdaderamente (respetado / **agotado** / alejado)."

Para escribir

Look at this scene from the video and, on a separate sheet of paper, write a short paragraph explaining what is happening.

Predicciones

En el Episodio 9, una persona llama a Jamie para hacer una cita porque quiere discutir algo importante. ¿Puedes adivinar quién es esa persona?

La Catrina

Episodio 8

PERSPECTIVAS CULTURALES

NOTA CULTURAL: Civilizaciones indígenas de México

México tiene mucho orgullo en su pasado indígena. El Museo Nacional de Antropología en la Ciudad de México es un reflejo de este sentimiento. Contiene objetos representativos de todos los pueblos indígenas de México precolombino.

Hubo tres grandes centros de cultura indígena. Alrededor de lo que hoy es la Ciudad de México, se encontraba el de los teotihuacanos y los toltecas. Su capital fue Teotihuacán, donde todavía quedan las grandes pirámides que construyeron. Su dios fue Quetzalcóatl, de quien pensaban que había desaparecido. Más tarde cuando el conquistador Hernán Cortés llegó en 1521, en la época de los aztecas, los indígenas creían que había vuelto su dios.

Al sur se encontraban los zapotecas y, más tarde, los mixtecas. Monte Albán, cerca de Oaxaca, era un gran centro urbano donde enterraban a sus reyes. En 1932, el arqueólogo mexicano, el doctor Alfonso Caso, excavó la famosa Tumba número Siete.

Todavía más al sur estaba la civilizacion maya, en la Península de Yucatán. Los mayas ocuparon toda Mesoamérica, es decir, el sur de México y lo que hoy es Centroamérica. Entre los centros mejor conservados se destacan Chichén Itzá, Palenque y Copán. Las creencias de los mayas estaban basadas en el paso del tiempo, y el calendario maya fue considerado durante varios siglos como el más exacto que existía.

Pero los indígenas todavía existen hoy en México, sobre todo en las regiones del sur como Oaxaca y Chiapas. La situación económica de esta gente es bastante mala. En tiempos recientes ha estallado en Chiapas un movimiento para mejorar sus condiciones de vida. Este movimiento ha tocado la conciencia de todo el país.

Vocabulario de la nota cultural

el orgullo   *autoestima; satisfacción personal por algo*

construir   *hacer; El Mesón fue **construido** antes de 1900.*

destacarse   *distinguirse*

estallar   *ocurrir violentamente una cosa; empezar*

tocar   *(aquí:) provocar; despertar*

Preguntas

1. Según lo que han leído sobre los tres grandes centros de cultura indígena en México, ¿piensan que estas gentes tenían conocimientos avanzados? Den algunos ejemplos.

2. En la actualidad, ¿qué está pasando en Chiapas? ¿Por qué?

Contrastes de historia: Los Estados Unidos y México

Los españoles vinieron a México a principios del siglo XVI. Muchos de ellos se casaron con las mujeres indígenas. El mismo Hernán Cortés, jefe de la conquista, hizo una alianza con una princesa india, la Malinche (Malintzín), quien pronto aprendió español y le sirvió a Cortés de intérprete con las tribus indígenas. De esta relación nacieron varios hijos, los primeros *mestizos,* o sea hijos nacidos de europeos e indios. También nació el origen del concepto de *malinchismo,* es decir, la actitud, no bien vista, de servir a los extranjeros.

Por el contrario, los peregrinos que llegaron a Nueva Inglaterra vinieron con metas diferentes. Vinieron con sus familias para establecer colonias en el nuevo continente.

Vocabulario

o sea	*es decir*
no bien vista	*algo que no se ve bien; que no gusta*
los peregrinos	pilgrims
la meta	*objetivo, finalidad*

Preguntas

1. ¿Qué significa *malinchismo?* ¿Hay términos similares en inglés?

2. ¿Cuáles son algunas de las diferencias entre los conquistadores y los peregrinos? ¿Cuáles fueron algunas de las consecuencias de su actitud diferente?

Para investigar

En grupos, busquen información sobre la llegada de los españoles y la de los peregrinos a las Américas. ¿Qué diferencias se notan en la sociedad moderna de los Estados Unidos y de México que se pueden atribuir a la historia?

Episodio 9

▲NTES DEL VIDEO

¿Recuerdas?

¿Qué información le dio la Sra. López al comandante Torreón?

¿Por qué visitó la policía a Silvestre Aguilar?

¿Cuál fue la información que le dieron a Torreón?

Resumen

Benito y Rosie visitan diferentes lugares de interés en el centro de Oaxaca. Después de mostrarle a Rosie un mercado donde se venden hierbas medicinales, le invita a comer a su casa. Los dos hablan del futuro.

Paco Aguilar llama a Jamie para decirle que necesita hablar con ella. Carlos decide acompañarla. Paco confiesa que tiene la culpa, en parte, por los problemas de Jamie, pero insiste en que él no tiene nada que ver con el negocio de su padre.

Benito sirve otra vez de guía al grupo de amigos. Les muestra la casa en Oaxaca donde Benito Juárez trabajó cuando era niño y el monumento dedicado a su memoria. También les habla de la importancia de Benito Juárez en la historia de México. Luego Carlos le muestra a Jamie una carta en la que le ofrecen una beca

para estudiar ecología en Puerto Rico. Dice que es posible que Jamie también pueda recibir ayuda financiera para estudiar español allí. De esta manera, los dos podrían estar juntos después de graduarse.

Más tarde Jamie y Rosie conversan sobre las amistades a larga distancia y lo difíciles que pueden ser. Esa misma noche, el grupo de amigos va en el coche de Benito a vigilar la nueva tumba que han descubierto cerca de Monte Albán. Según el plan de Benito, quieren ver al ladrón, Espinal, excavando objetos de arte para don Silvestre Aguilar. En efecto ven a Espinal, pero el pobre de Rogelio se cae y es capturado por la gente de Aguilar. Paco, que caminaba cerca del Mesón, ve a los asistentes llevando a Rogelio adentro del Mesón.

Vocabulario

los celos	la envidia; cuando alguien sospecha que la persona a la que quiere prefiere a otra
morir	lo contrario de vivir
mantener (a alguien)	pagar lo que es necesario para vivir
hacia	indica dirección
la lengua	idioma
quizá(s)	indica posibilidad o duda
luchar	pelear
el corazón	parte central del cuerpo con funciones circulatorias; parte a la cual se refiere cuando se habla de los sentimientos o deseos
la duda	cuando uno no está seguro(a) de algo; una sospecha
estacionar	poner un coche en un lugar; aparcar
contar	(aquí:) considerar
la delicadeza	cuidado

Frases importantes

¡qué bien huele!	se dice cuando uno percibe un olor agradable: **¡Qué bien huele** ese perfume!
no tenía la menor idea	no sabía nada
llegar a ser	conseguir; avanzar; alcanzar una posición determinada
¡ándale!	¡vamos!
por si acaso	en caso de que
¡suélteme!	déjeme ir

Para pensar antes de mirar

Discuss with other students the following themes:

1. Hoy en día, para muchas personas en las ciudades grandes, la medicina herbal parece ser más popular que antes. En su opinión, ¿por qué no ha tenido tanta aceptación en el pasado? ¿Qué hierbas conocen que tengan propiedades medicinales? ¿Para qué sirven?

2. ¿Creen Uds. que siempre es verdad que "el corazón es muy mal consejero"? ¿Cuándo puede ser un buen consejero? ¿Han tomado alguna decisión alguna vez según lo que les decía su corazón? ¿Cuál(es)?

3. Si un(a) amigo(a) hace algo ilegal o algo que no se debe hacer, ¿cómo reaccionan Uds.? ¿Van a hablar con esa persona? ¿O van a decirle algo a una autoridad competente? ¿Por qué?

DESPUÉS DEL VIDEO

¿Viste bien?

Look at the following scenes from the video. Circle the letter of the
statement that corresponds to each scene.

1. a. Benito invita a Rosie a comer a su casa.
    Él ha preparado la comida. Allí hablan sobre
    si podrán seguir en contacto cuando Rosie
    vuelva a los Estados Unidos.

    b. Benito y Rosie están preparando la comida
    para Jamie y Carlos para celebrar la beca
    que recibió Carlos de la universidad en
    Puerto Rico.

2. a. Paco se reúne con Jamie y con Carlos porque
    quiere mostrarles el Zócalo y otros lugares
    importantes de la ciudad.

    b. Paco confiesa que fue él quien le envió la
    figura del coyote a Jamie.

3. a. Carlos le está diciendo a Jamie que ella tiene
    que volver a los Estados Unidos porque su
    familia la necesita.

    b. Carlos está hablando sobre la posibilidad de
    que él y Jamie puedan estudiar juntos en
    Puerto Rico.

4. a. Los asistentes de Aguilar han capturado a
    Rogelio porque él, Benito y Rosie estaban
    espiando la nueva tumba que se descubrió
    hace poco.

    b. Los asistentes de Aguilar quieren que
    Rogelio les ayude a excavar objetos de arte
    precolombino.

Comprensión

A. Find the answers to each of the questions below by combining a phrase from Column A with the correct one from Column B.

A	**B**
Que él tiene otras amigas y que	ella ha trabajado mucho.
En el Hotel la Jacaranda, cuando	el préstamo.
Porque debe quedarse	la meterá en la cárcel otra vez.
Porque si la policía la encuentra	era propiedad de don Silvestre.
Que devuelva	a la gente del país.
Porque desde que su padre murió	ella es sólo una más.
Porque si viven en la misma sociedad	con Jamie.
Porque sus sueños han inspirado	tienen varias cosas en común.

1. ¿Por qué dice Benito que él trata de ayudar a su madre siempre que puede?

_____

2. ¿Qué responde Rosie cuando Benito le pregunta si Erik, su amigo de Los Ángeles, la está esperando?

_____

3. ¿Dónde dice Paco que él obtuvo la figura del coyote para mandársela a Jamie?

_____

4. ¿Por qué es Benito Juárez un héroe nacional de México?

_____

5. ¿Qué quiere el banco que la familia de Carlos haga?

_____

6. Según Rosie, ¿por qué tienen una ventaja dos personas que se quieren si viven en el mismo país?

_____

7. ¿Por qué cree Carlos que es mejor que Jamie no vaya a investigar lo que está haciendo Espinal en la nueva tumba?

_____

8. ¿Por qué cree Rosie que Carlos debe quedarse en el coche en vez de investigar lo que está pasando en la nueva tumba?

_____

B. Draw a line to connect each statement to the corresponding photo.
There are two statements for each photo.

1. Jamie y Carlos están hablando sobre la llamada telefónica de Paco Aguilar, en la que le dijo a Jamie que quería encontrarse con ella en el Zócalo.

2. En este momento, alguien ve a los asistentes de Silvestre Aguilar con Rogelio, a quien acaban de capturar.

3. Esta escena ocurre en la nueva tumba cuando Rosie, Benito y Rogelio están observando para ver si pueden probar que don Silvestre está relacionado con los objetos de arte robados.

4. Oaxaca tiene varios mercados donde venden hierbas medicinales. Se dice que se pueden usar para algunas enfermedades comunes y para algunos problemas emocionales y físicos.

5. Durante esta conversación, Carlos dice que Paco trató de hablar con él antes pero que él no quiso escucharlo.

6. En esta escena, Paco está observando lo que pasa en el Mesón del Jaguar.

7. Esta escena es parte de un paseo que Rosie y Benito dan por el Mercado Benito Juárez de Oaxaca y en el que se divierten mucho.

8. Después de este momento, Rogelio se cae y es capturado por los asistentes de Aguilar.

Práctica de palabras

Circle the correct word in parentheses for each of the following quotations from the video.

1. "A mi mamá le gusta la tecnología. Dice que hoy en día, con el teléfono, el fax y el (contacto / correo / obstáculo) electrónico, las distancias no importan tanto."

2. "Te envié el coyote simplemente por respeto . . . hacia ti, hacia tu bisabuela. . . . Sé que le (enseñó / perteneció / perdonó) a ella una vez, y pensé que ahora lo deberías tener tú."

3. "Benito Juárez trabajó para esta familia cuando era niño. . . . Más tarde él se unió al Partido Liberal, y luego (aprendió / hizo / llegó) a ser gobernador de Oaxaca."

4. "Y lo mejor de todo es que tú podrías solicitar también una (libertad / creencia / beca) o una ayuda financiera. Así los dos podríamos realizar nuestros sueños después de terminar nuestros estudios."

5. "Sí, debo confesar que yo tengo las mismas dudas. El corazón es muy mal (consejero / descanso / cómplice)."

6. "Miren, allá hay un coche (viejo / terminado / estacionado). Quizás es Espinal buscando cosas."

7. "La gente de Aguilar casi nos captura a Rosie y a mí, pero el pobre de Rogelio no pudo (señalar / correr / ayudar) y se lo llevaron con ellos."

8. "Tenemos que hablar con la licenciada Beltrán . . . y decírselo a la (asistenta / policía / asesora)."

Para escribir

Look at the following scene from the video and, on a separate sheet of paper, write a short paragraph explaining why Carlos is shaking Paco's hand. Give your opinion about what Paco has done and said.

Predicciones

En el Episodio 10, Rogelio descubre algo importante en el sótano del Mesón del Jaguar. ¿Puedes adivinar qué es lo que Rogelio descubre?

PERSPECTIVAS CULTURALES

Nota Cultural: Benito Juárez

Benito Juárez nació en 1806 en Guelatao, un pequeño pueblo de la provincia de Oaxaca. Sus padres eran zapotecas y su primera lengua era el dialecto indígena de la región. Como explicó Benito en este episodio, Juárez aprendió español como segunda lengua cuando ya era un adolescente.

La influencia de Juárez fue enorme. Elegido primero gobernador de Oaxaca y, más tarde, a la Corte Suprema de la nación, Juárez llegó a ser el presidente de la nueva república. Pero sus ideas liberales en contra del poder del clero y del ejército y a favor de los derechos de los campesinos provocaron una fuerte reacción. Las tres leyes de la Reforma, la Ley Juárez, Lerdo e Iglesias, mandaban una separación de la Iglesia del Estado. Estos conflictos dieron lugar a la guerra de la Reforma, que duró tres años. Juárez, un líder popular con el apoyo de una gran parte de la población, pudo derrotar a los conservadores. Tras su victoria, se proclamó una nueva constitución para México.

Fue en ese momento cuando Napoleón III intervino con sus tropas para establecer un imperio francés en México. Puso como jefe a Maximiliano, representante de los Hapsburgos de Austria. El joven Maximiliano, una persona liberal pero no muy bien informada de la realidad de México, creía que gozaba de la confianza y el apoyo del pueblo. Se declaró Emperador de México y, con su esposa Carlota a su lado, hizo construir un nuevo castillo en Chapultepec. Juárez tuvo que abandonar la capital pero siguió luchando en favor de los ideales de la República. Finalmente, los franceses fueron derrotados, y Maximiliano fue ejecutado en Querétaro. Juárez fue reelegido presidente en 1867 y en 1871.

Quizás las palabras más citadas de Juárez son: "El respeto por el derecho ajeno es la paz."

Vocabulario de la nota cultural

el poder	*influencia; fuerza*
el clero	*oficiales de la iglesia*
los campesinos	*personas que viven y trabajan en el campo*
mandar	*ordenar*
dar lugar a	*causar, dar motivo a*
el apoyo	*el favor*
tras	*después de*
gozar	*(aquí:) tener; contar con*
citadas	*mencionadas*
ajeno	*que no es suyo; del otro*

Preguntas

1. Un fundamento de la constitución de los Estados Unidos es la separación de la Iglesia y el Estado. ¿Puedes nombrar un país sin tal separación, con una religión oficial?

2. El papel de Benito Juárez en la historia de México es frecuentemente comparado con el de Abraham Lincoln en la historia de los Estados Unidos. ¿En qué está basada tal comparación?

Contrastes de cultura: Las hierbas medicinales

El empleo de hierbas para curar enfermedades es una antigua tradición indígena. Hay hierbas para todos los males, desde el dolor de cabeza y la constipación, hasta problemas de amor. Los curanderos, que en la actualidad gozan de bastante prestigio entre la gente, son algunas de las personas que usan estos remedios. El arte del curandero no es totalmente rechazado por la medicina moderna. Al contrario, hay una aceptación creciente de su contribución en el tratamiento de los enfermos.

Vocabulario

la constipación	*el resfriado*
males	*problemas de salud*
el curandero, la curandera	*persona (en la medicina popular) que emplea métodos tradicionales para curar enfermedades*
en la actualidad	*hoy en día*
creciente	*cada vez mayor*

Preguntas

¿Cuál es la actitud en los Estados Unidos con respecto al empleo de hierbas en el tratamiento de las enfermedades? ¿Sabes si hay otros países que usen hierbas para tratar enfermedades? ¿Cuál(es)?

Para investigar

Los indígenas de México hablaban diferentes idiomas. En grupos, busquen un mapa de México e identifiquen los idiomas que se hablaban en las diferentes regiones antes de la llegada de los españoles. ¿Pueden Uds. identificar un idioma que todavía se hable hoy?

Episodio 10

ANTES DEL VIDEO

¿Recuerdas?

¿Qué confesó Paco?

¿Qué noticia tenía la carta que Carlos le mostró a Jamie?

¿Dónde están? ¿Por qué trataban de esconderse?

Resumen

La policía detiene a Espinal y a un compañero cuando tratan de entrar en el Mesón con una caja que contiene objetos robados de la nueva tumba. Espinal es interrogado y admite su conexión con alguien llamado don Silvestre.

A Rogelio lo han llevado al sótano del Mesón. Miranda, la asistente de Silvestre Aguilar, lo vigila, pero en un momento en que lo deja solo, Rogelio se libera y descubre una carta escrita por doña Josefa y una pluma de su sombrero. Paco Aguilar se encuentra con Jamie y le dice dónde pueden encontrar a Rogelio, pero un asistente de Aguilar los está vigilando. Después

Paco habla con su padre y admite que ha hablado con Jamie, y que además fue él el que le envió la figura del coyote. Aguilar, enojado, anuncia su intención de que los dos viajen a España, pero Paco reacciona de una forma sorprendente.

Rogelio se escapa y la policía arresta a los asistentes de Aguilar. Rogelio informa a la policía que Aguilar piensa salir esa misma noche para España. Le da la carta y la pluma a Jamie, quien entra en el Mesón por primera vez. En la escena final de este episodio se descubre, por fin, cuál es el último secreto.

Vocabulario

desenterrar	sacar de la tierra
la prueba	la evidencia
el/la ayudante	persona que ayuda a otra; asistente
el intermediario, la intermediaria	alguien que está en medio de algún tipo de negocio
recoger	recolectar; reunir
delicado, -a	(aquí:) que se ofende fácilmente
hacer daño a	causar mal o dolor a
surgir	producir; aparecer
corresponder	responder; pagar con igualdad (afectos, acciones)
vencer	ganar, triunfar
temer	tener miedo

Frases importantes

¡Quedan detenidos!	Están arrestados.
He oído decir a su gente "don Silvestre"	he oído que su gente dice "don Silvestre"
no sabía que haría surgir todo esto	no sabía que causaría todo esto
¿no es cierto?	¿no es verdad?
estoy aburrido	me aburro

Para pensar antes de mirar

Discuss with other students the following themes:

1. ¿Les gustaría ser intermediarios en diferentes situaciones? ¿O depende de la situación? ¿Qué prefieren ser: líder, intermediario(a) o seguidor(a)? ¿Por qué?

2. Imagínense que han averiguado un secreto que tiene que ver con un(a) amigo(a). ¿Le van a decir el secreto, aunque le pueda dar pena o hacerle daño? Expliquen su decisión.

3. ¿A qué edad tiene una hija o un hijo el derecho legal de tomar sus propias decisiones? ¿Qué diferencias hay entre obtener una licencia para conducir _(driver's license)_, obtener una tarjeta de crédito, votar y casarse?

4. ¿Creen Uds. que es posible tener una conexión espiritual tan fuerte con los antepasados _(ancestors)_ que uno pueda revivir alguna experiencia que ellos tuvieron? ¿Por qué sí o por qué no?

DESPUÉS DEL VIDEO

¿Viste bien?

Circle the letter of the statement that expresses correctly what is happening in each photo.

1. a. Cuando el comandante Torreón interroga a Espinal, éste revela que él vende sus piezas robadas a algunas personas que trabajan con alguien que se llama don Silvestre.

   b. El comandante Torreón está tratando de averiguar si Espinal sabe dónde está Rogelio en este momento.

2. a. Rogelio está revisando una nota que él le escribió a Miranda, explicándole que ella también le gusta a él.

   b. En el sótano del Mesón, Rogelio descubre algunas cosas que tienen que ver con La Catrina.

3. a. Jamie entra en el Mesón del Jaguar para ver si puede encontrar a Rogelio en el sótano.

   b. Jamie entra en el Mesón del Jaguar porque quiere estar sola unos momentos para pensar en su bisabuela.

4. a. En esta escena, La Catrina y su abogado, don Pedro Aguilar, bailan en una fiesta en 1910.

   b. Jamie y don Silvestre están bailando porque después de que Paco habla con Jamie, ellos quieren tratar de ser buenos amigos.

5. a. En esta escena, don Silvestre Aguilar trata de escaparse de la policía porque sabe que han arrestado a sus asistentes.

   b. En esta escena, don Pedro Aguilar, el abogado de La Catrina, le da una orden a un hombre para que la mate.

Comprensión

A. In each of the following groups of sentences there is one that is false.
Circle the letter of the false statement in each group.

1. a. Cuando el comandante Torreón empieza a interrogar a Espinal, le dice que ya hay suficientes pruebas para meterlos a él y a sus ayudantes en la cárcel.
   b. Durante la interrogación, Espinal dice que él ha visto algunas veces a don Silvestre en el Mesón.
   c. Durante la interrogación, Espinal dice que él es sólo un intermediario y que ha oído a la gente de don Silvestre mencionar su nombre.

2. a. Cuando Rogelio está atado en el sótano del Mesón, Miranda, la asistente de don Silvestre, le ofrece un vaso de agua.
   b. En el sótano del Mesón, Miranda le dice a Rogelio que ella prefiere a los tipos que no son intelectuales.
   c. Miranda le dice a Rogelio que él sólo va a estar allí unos días más, hasta que don Silvestre se vaya a España.

3. a. Paco habla con Jamie y le dice que hay posibilidades de que los asistentes de don Silvestre le hagan daño a Rogelio.
   b. Paco habla con Jamie y le dice que Rogelio está en el sótano del Mesón del Jaguar, y que no le pasa nada.
   c. Paco le dice a Jamie que él tiene que irse porque alguien los está vigilando.

4. a. En una conversación con don Silvestre, Paco le confiesa que sí ha hablado con Jamie y que él fue el que le envió la figura del coyote.
   b. En su conversación con Paco, don Silvestre le dice que Jamie ya les robó a ellos una vez y que ahora lo está haciendo de nuevo.
   c. Cuando don Silvestre le dice a Paco que haga su maleta para viajar a España con él, Paco está de acuerdo y sale de la habitación para hacerla.

5. a. En el momento en que Rogelio está tratando de escaparse del Mesón, la policía llega y arresta a los asistentes de don Silvestre.
   b. Rogelio no le muestra a Jamie las cosas que él encontró en el sótano.
   c. Rogelio le dice al comandante Torreón que don Silvestre Aguilar va a estar en el aeropuerto esa tarde o esa noche.

6. a. Durante la revelación que Jamie tiene de los últimos momentos en la vida de su bisabuela, es evidente que don Pedro Aguilar dio la orden de matarla.
   b. Don Pedro Aguilar era el abogado de La Catrina, pero en la carta que ella escribió poco antes de morir, doña Josefa indicaba que no podía confiar en él y que temía por su vida.
   c. A La Catrina la mataron en el momento en que llegaba a la fiesta, cuando se estaba quitando la capa y el sombrero.

B. Look at the following scenes from the video. Circle the letter of the correct ending for each statement.

1. En esta conversación entre Jamie y Paco,
   a. él le demuestra que sus intenciones son sinceras porque a pesar de que lo están vigilando, ha ido allí para decirle dónde está Rogelio.
   b. él quiere que ella salga con él, y le está pidiendo una cita en secreto.

2. Don Silvestre Aguilar
   a. está tratando de descansar antes de su viaje a España.
   b. está frustrado porque Paco le dijo que no va a viajar con él a España.

3. Después de que la policía y los amigos de Rogelio llegan al Mesón, Rogelio les dice
   a. que él quiere ayudar a Miranda porque es su amiga, y que no le deben hacer ningún daño.
   b. que él está bien, pero que está un poco aburrido y que tiene hambre.

4. Esta fiesta que tuvo lugar en el año 1910
   a. es de gran interés para Jamie porque representa los últimos momentos en la vida de su bisabuela.
   b. es importante para Jamie porque muestra cómo eran las casas y las modas en el tiempo de La Catrina.

Nombre

Fecha

Práctica de palabras

Circle the correct word in parentheses for each of the following quotations from the video.

1. "Mira, te encontramos con piezas robadas de la nueva tumba. Hay suficientes (pañuelos / pruebas / intermediarios) para meterte a ti en la cárcel, y a tus ayudantes también."

2. "No lo conozco. No lo he visto nunca. Su gente va al Mesón para (recoger / detener / imaginar) cosas y pagarme."

3. "No te preocupes, querido—te (irás / quedarás / volverás) aquí sólo unos días más, hasta que se vaya Aguilar a España."

4. "Sí, papá, si quieres saberlo, te lo diré. Sí, hablé con Jamie . . . y (luego / además / quizás), fui yo quien le envió la figura del coyote."

5. "¿Pueden (quedarme / vigilarme / dejarme) sola un momento?"

6. "(Vuelvo / Miento / Temo) por mi vida, ya no puedo confiar en nadie—y menos en mi abogado, don Pedro Aguilar."

Para escribir

Look at the following scene from the video and, on a separate sheet of paper, write a paragraph explaining why Jamie is so sad.

Predicciones

¿Puedes adivinar qué va a hacer Jamie con la figura del coyote en el último episodio?

La Catrina

Nombre _____

Fecha _____

PERSPECTIVAS CULTURALES

NOTA CULTURAL: José Guadalupe Posada

La figura de la Catrina que se ve en muchas partes de México está basada en la obra de un famoso grabador mexicano, José Guadalupe Posada. A principios de siglo, Posada fundó su Taller de Artes Gráficas en la Ciudad de México. Allí enseñó arte a varios estudiantes que más tarde se hicieron famosos, como Diego Rivera. Los grabados de Posada salían casi diariamente para ilustrar carteles o corridos, generalmente con figuras que satirizaban algún aspecto de la vida política de México. Posada estableció en su arte el estilo de caricatura satírica que tanto emplearon los muralistas.

La especialidad de Posada era la calavera; normalmente creada por encargo para ilustrar un personaje de un libro. Estas calaveras—que tienen sus raíces en la cultura indígena mexicana—reflejan el concepto humorístico de la muerte típicamente mexicano. Es un concepto que se ve en el Día de los Muertos. Es muy diferente de la actitud tan seria sobre la muerte que se tiene en los Estados Unidos.

La figura de la Catrina—aunque la más conocida—es sólo una de las muchas que grabó Posada. La gracia de la calavera Catrina viene de la combinación de una figura mexicana adornada irónicamente con un sombrero estilo francés y de clase alta, sobre el que aparece una elegante pluma de avestruz.

Jaime y Carlos vieron el famoso mural de Diego Rivera "Sueño de una tarde dominical en la Alameda Central" en la primera parte de _La Catrina_. En él, Rivera incluyó la figura de la Catrina como un tributo a su maestro Posada.

Vocabulario de la nota cultural

grabar	_hacer una obra de arte en una lámina_ (sheet) _de metal o madera_
el taller	_lugar donde trabajan obreros o artistas_
cartel(es)	_anuncio en un lugar público con propósitos informativos o publicitarios_
el corrido	_composición poética cantada; romance cantado_
la calavera	skull
por encargo	_cuando se pide que se haga algo antes de su realización_
la gracia	_el humor, lo divertido_
pluma de avestruz	ostrich feather

Preguntas

1. ¿Cuál es el origen de la figura de la Catrina?

2. ¿Qué tipo de grabados hacía Posada?

3. ¿Por qué es tan diferente la actitud hacia la muerte en diferentes culturas? ¿Qué refleja?

Contrastes de cultura: Los símbolos

Diferentes países y diferentes culturas tienen formas especiales y definidas de ver la vida. En muchos casos los sentimientos y las actitudes de las personas de una sociedad determinada se expresan a través del arte y de la literatura. Como ya hemos visto, la calavera Catrina, una figura ficticia de arte, ha adquirido en México un simbolismo muy fuerte y real. La Catrina, además de representar un aspecto típico de la sociedad mexicana, es parte de su vida, de su cultura.

Pregunta

¿Cuáles son algunas figuras ficticias o artísticas con valor simbólico en los Estados Unidos? ¿Qué representan?

Para investigar

Como en el caso de José Guadalupe Posada, los artistas muchas veces son un fiel reflejo de su sociedad. En grupos, hablen sobre lo siguiente: ¿Por qué creen que esto ocurre? ¿Qué otro(a) artista ha reflejado las actitudes de su país en su obra (pintura, grabados o escultura)? Den ejemplos y digan cuáles son las características de su obra.

Episodio 11

ANTES DEL VIDEO

¿Recuerdas?

¿Qué información le dio Espinal a Torreón?

¿Qué le dijo Paco a su padre?

¿Dónde y cuándo ocurrió esta escena? ¿Quiénes están bailando?

Resumen

La policía detiene a Silvestre Aguilar en el aeropuerto de Oaxaca. Antes de que la policía se lo lleve, Jamie tiene la oportunidad de enfrentarse cara a cara con él y de recordarle el daño que él y su familia han causado a la familia de Jamie. Aguilar le dice a Jamie que está tranquilo porque ella no sabe nada de lo que realmente le pasó a su bisabuela, pero esto no es verdad.

Con Silvestre Aguilar en manos de la policía, Jamie tiene que decidir ahora qué va a hacer con el Mesón del Jaguar. Después de consultarlo con sus padres, Jamie anuncia al grupo de amigos la decisión que han tomado: que van a convertir el Mesón en un Centro de Estudios de Arte precolombino e indígena.

Mientras tanto, Rosie y Benito hablan sobre su futuro, sobre lo que van a hacer después de que Rosie vuelva a los Estados Unidos. Carlos le pide a Benito que reúna a todos en el Zócalo porque tiene una sorpresa final. ¿Qué va a pasar con Jamie y con Carlos?

Vocabulario

acabar	terminar, concluir
poderoso, -a	que tiene poder o influencia
recuperar	volver a tener algo; recobrar
la molestia	algo que molesta, que es desagradable
traicionar	hacer algo malo contra alguien: Don Pedro **traicionó** a La Catrina; él era su abogado pero dio la orden de matarla.
la avaricia	el deseo excesivo de adquirir y poseer más cosas
castigar	imponer una sanción a alguien que ha hecho algo malo
el puesto	empleo, trabajo
despedir	dejar a alguien sin trabajo
patrocinar	ayudar a alguien en una idea o un proyecto, generalmente con dinero
la palabra	Hablamos con **palabras.** (En inglés: *word.*)

Frases importantes

alto rango	que tiene una posición política y/o social buena; de gran importancia
una especie de	una clase de, un tipo de
se parece a	es similar a

Para pensar antes de mirar

Discuss with other students the following themes:

1. ¿Están Uds. de acuerdo con la idea de que la justicia existe igualmente para todos? ¿Por qué sí o por qué no? Den ejemplos.

2. ¿Qué ventajas puede tener una persona de alto rango que no tiene un "don nadie"?

3. Imagínense que, como parte de una herencia, Uds. reciben una propiedad—por ejemplo, una casa o un negocio. ¿Qué harían Uds. con esa propiedad?

4. ¿Les gustan las sorpresas? ¿Por qué sí o por qué no?

5. Imagínense que tienen la oportunidad de seguir sus estudios en otro país. ¿Lo harían? Expliquen sus respuestas.

La Catrina

Episodio 11

Nombre _____

Fecha _____

Video Workbook

Después del video

¿Viste bien?

Draw a line connecting each statement to the corresponding photo.

1. "Aquí los turistas y los oaxaqueños, a quienes pertenece, podrán admirarla y apreciarla."

2. " . . . te tengo una sorpresa. Esto es para ti. Un pequeño recuerdo."

3. "Jamie, hay cosas que se dicen sin palabras . . . "

4. "Queda Ud. detenido, Sr. Aguilar. Venga con nosotros."

Copyright © Scott Foresman - Addison Wesley

94 *La Catrina: El Último Secreto*

Comprensión

A. Write the letter V *(verdad)* for those statements that are true and the letter F *(falso)* for those that are false.

_____ 1. Jamie le dice a Aguilar que él le ha hecho daño a ella y también a su familia.

_____ 2. Aguilar le dice a Jamie que ella tiene derecho de estar en México.

_____ 3. Aguilar cree que no le va a pasar nada porque es un hombre rico y poderoso.

_____ 4. Jamie dice que la razón por la que Pedro Aguilar, el abuelo de don Silvestre, traicionó a La Catrina, fue para robarle sus propiedades.

_____ 5. El comandante Torreón cree que si don Silvestre es culpable, no será castigado porque es una persona de alto rango.

_____ 6. Jamie dice que la Sra. López piensa que el Mesón del Jaguar se debe convertir en un Centro de Estudios de Arte precolombino e indígena.

_____ 7. Según Benito, el Centro de Estudios de Arte sólo estará abierto durante los veranos.

_____ 8. Sólo los turistas pueden ver la figura del coyote en el Centro de Estudios de Arte.

_____ 9. Cuando Carlos y Benito se encuentran en la calle, Carlos le pide a Benito que lleve a todos los amigos a la plaza por la tarde.

_____ 10. Jamie sabe cuál va a ser la sorpresa que Carlos tiene para todos.

_____ 11. Carlos cree que sería fantástico si Jamie y él pudieran estudiar en Puerto Rico después de graduarse.

_____ 12. Al final del video, Jamie y Carlos ya están casados y preparados para viajar a Puerto Rico.

B. Look at the following scenes from the video. Write in the boxes the numbers of the two statements that correspond to each scene.

1. Este lugar será un centro donde los mexicanos y los estudiantes extranjeros podrán asistir para estudiar arte precolombino e indígena.

2. A esta persona la están llevando a la estación de policía.

3. Una de estas personas le está pidiendo a la otra que le haga el favor de llevar a sus amigos a la plaza esta tarde.

4. El jefe de esta persona ha sido reintegrado a su puesto de bibliotecario de Querétaro.

5. Es posible que estas dos personas vayan a estudiar juntas a Puerto Rico en el futuro.

6. Esta persona y su familia han sido acusados de hacerle daño a Jamie y a la familia de ella porque querían sus propiedades.

7. Una de estas dos personas piensa que la otra está muy nerviosa pero, en este momento, no sabe exactamente por qué.

8. Esta persona ayudó a Jamie y ahora ha vuelto al trabajo que tenía antes.

9. En este momento la gente de Oaxaca recibe un regalo que les permite conservar la herencia cultural de México dentro del país.

10. Estas dos personas están de acuerdo con que quieren tener una relación formal.

Práctica de palabras

Circle the correct word in parentheses for each of the following quotations from the video.

1. "No tengo que hablar con usted. No tiene (molestia / derecho / daño) de estar aquí. Debería haberse quedado en los Estados Unidos, su país."

2. "Usted y su familia se han hecho ricos y poderosos con las propiedades de ella . . . las mías. Ahora estoy (acabando / recuperando / esperando)— otra vez—lo que nos pertenece."

3. "Pues los tribunales decidirán, y si es (culpable / loco / diputado), será castigado, a pesar de su alto rango."

4. " . . . la Asociación de Banqueros está investigando la influencia de Aguilar en la cancelación de (problemas / venganzas / créditos) al restaurante Arcángel."

5. "¿Podría ser una (propiedad / investigación / sorpresa) agradable para la nueva Catrina de Oaxaca?"

6. "¿No has pensado en pedir una (beca / iglesia / flor) para ir a estudiar a Puerto Rico?"

Para escribir

Look at the following scene from the video and, on a separate sheet of paper, write a paragraph explaining what is happening.

Predicciones

¿Qué va a pasar en el futuro en *La Catrina?*

Imagínense que Uds. van a escribir el guión de cine *(screenplay)* para una tercera parte. ¿Cuál será el argumento *(plot)* principal? ¿Qué personajes van a intervenir? ¿Habrá nuevos personajes? ¿Quién(es)?

En grupos, escriban las ideas que tienen para una tercera parte, y luego comparen sus argumentos con los de sus compañeros(as).

Nombre

Fecha

Video Workbook

PERSPECTIVAS CULTURALES

NOTA CULTURAL: La Revolución Mexicana

Como ya sabemos, Benito Juárez, primer presidente de la República mexicana, nació en Oaxaca. También en Oaxaca, aunque de menos orgullo para la ciudad, nació Porfirio Díaz, quien fue elegido presidente en 1876. Su larga presidencia, llamada el Porfiriato, duró hasta que la Revolución estalló en 1910.

Durante estos 34 años, se invirtió mucho capital extranjero en el país. El resultado fue la modernización del país en muchos aspectos, como la creación de una red de ferrocarril, el establecimiento de un sistema bancario nacional y de una industria petrolera y minera. También importante fue la creación de un ejército nacional—los Federales—para garantizar la seguridad de los viajeros por el país.

Pero el precio que se tuvo que pagar fue enorme. Sólo un pequeño porcentaje de la población se enriqueció. Las industrias estaban en manos extranjeras. La situación en el campo era terrible.

La fase militar de la Revolución estalló en 1910 y duró 10 años. El general Victoriano Huerta se había apoderado del gobierno. En el norte del país, el ejército de Pancho Villa (los Dorados) luchó contra sus tropas. En el sur, los campesinos formaron un ejército al mando de Emiliano Zapata. Los Zapatistas, bajo el lema de Tierra y Libertad, pelearon para mejorar las condiciones de los agricultores.

La lucha para establecer un sistema democrático y justo ha sido difícil para México. No obstante, durante los últimos años, el Partido Revolucionario Institucional (PRI), antes todopoderoso, ha tenido que compartir el poder. Por ejemplo, en algunas ciudades, los gobernantes son miembros de otros partidos, como el Partido de la Revolución Democrática (PRD). Se ha progresado mucho, pero todavía existen enormes problemas, sobre todo de tipo económico.

Vocabulario de la nota cultural

invertir	*poner dinero en un banco o negocio para ganar más*
el ferrocarril	*tren*
enriquecerse	*hacerse rico*
apoderarse de	*hacerse alguien o algo dueño de una cosa*
los Dorados	*nombre que se les daba a los soldados de Pancho Villa por el color de oro de los botones de sus uniformes*
al mando de	*bajo la autoridad de*
el lema	*el slogan de un grupo*
todopoderoso	*que tiene todo el poder*

Preguntas

1. ¿Qué fue lo positivo durante la presidencia de Porfirio Díaz? ¿Y lo negativo?

2. ¿Qué pasó en el país después de la Revolución Mexicana? Con un(a) compañero(a), busquen información sobre esto.

Contrastes de cultura: Un nuevo idioma—una nueva cultura

Los jóvenes que estudian otro idioma ya han tomado el primer paso hacia el conocimiento de otra cultura. Hoy en día, el viajar a otro país extranjero es mucho más frecuente. Pero, ¿qué significa la experiencia de estudiar y de pasar algún tiempo en otro país? Algunos estudiantes dicen:

"Para mí lo más importante han sido las amistades que he entablado. Quiero volver lo más pronto posible."

"No soy la misma persona; he cambiado."

"Ahora entiendo mucho mejor a mi propio país."

Quizás la palabra clave sea *cambio*. Además de mejorar sus conocimientos del idioma, estos estudiantes vuelven con nuevas ideas de quiénes son y qué quieren de la vida. Esto, con frecuencia, se refleja en las carreras que escogen.

Vocabulario

entablar   *empezar, hacer, establecer*

la carrera   *conjunto de estudios que preparan para una profesión*

Preguntas

1. Si tuvieras la oportunidad de viajar a un país hispanohablante, ¿cuál sería el propósito principal de tu viaje?

2. ¿Conoces a alguien que haya viajado a otro país? ¿Se nota algún cambio en su manera de ser? ¿Cuál(es)?

Para investigar

En grupos, busquen información sobre escuelas de verano, programas de intercambio y becas para estudiantes de lenguas extranjeras. ¿Qué oportunidades hay para estudiar en el extranjero? Comparen lo que averigüen con otros grupos de la clase.

CRUCIGRAMA

Cómo se hizo La Catrina: El Último Secreto

HORIZONTALES

1. El idioma materno del actor que hace el papel de Benito.
7. La edad que tenía el actor que hace el papel de don Silvestre cuando organizó un grupo de teatro.
8. El nombre del personaje que el actor Esteban Soberanes representa en el video.
10. Lo que Evangelina Sosa tenía en los dientes cuando la llamaron para el "casting."
12. El actor que hace el papel de don Silvestre Aguilar también hace el papel de otro personaje en 1910. ¿Cómo se llama este otro personaje?
13. A este personaje del video le encanta la historia del arte.
14. Alejandra Gollás, que hace el papel de Rosie en el video, ha hablado dos idiomas desde niña. Uno es español. ¿Cuál es el otro?

VERTICALES

2. El video "La Catrina" es una _____, no un documental.
3. El tipo de relación entre Jamie y Carlos en el video.
4. El número de años que los actores que hacen los papeles de Jamie y de Carlos llevan trabajando juntos.
5. La otra profesión del actor que hace el papel de don Silvestre.
6. Evangelina Sosa hace el papel de dos personajes en el video. Uno es La Catrina y éste es el otro.
9. En *Cómo se hizo La Catrina: El Último Secreto,* dicen que nos van a mostrar lo que pasa _____ de las cámaras, no lo que pasa enfrente de ellas.
11. El país de Europa en el que nació el personaje que hace el papel de Benito.

VOCABULARIO ESPAÑOL - INGLÉS

Verb irregularities are noted as follows:

1. Stem changes are indicated in parentheses: (ue), (ie), (i).

2. Spelling changes are indicated in parentheses: (g), (zc), (y).

NOTE: This is a basic vocabulary for use with this text and does not contain all of the vocabulary used in *La Catrina: El Último Secreto*. Students are encouraged to purchase one of the inexpensive paperback dictionaries to use with the entire series.

A

abajo below; downstairs

el abogado, la abogada lawyer

el abrazo hug

abrir to open

el abuelo, la abuela grandfather, grandmother

aburrido, -a: estar — to be bored

a.C. (antes de Cristo) B.C.

acabar to finish

— de + *inf.* to have just (done something)

acaso: por si — in case

acerca de about

acercarse to approach

aclarar to make clear(er), to clarify

acompañar to accompany

aconsejar to advise

acostarse to go to bed

la actividad activity

la actuación performance

actualmente nowadays, at present

el acuerdo agreement

de — a according to

acusar to accuse

adaptarse to adapt to

además besides, in addition

adivinar to guess

el admirador, la admiradora admirer

admitir to admit

adorado, -a adored

adquirir (ie) to acquire

la advertencia warning, notice

advertir (ie, i) to warn, to give notice

afectar to affect

agitar to stir (up)

la aglomeración crowds

agotado, -a exhausted

agradable pleasant, nice

agradecer to thank

agrario, -a agrarian

ahora mismo right away

aire: al — libre outdoors

ajeno, -a detached; other people's

el ajo garlic

alegrarse to be glad

alejado, -a far away

alejarse to move/keep away

algo something

alguien someone

alguno (algún), -a some

el alimento food

allá over there

allí there

el alma soul

el almacén warehouse; storage place

alrededor around

los —es surroundings, outskirts

alto, -a tall; high

amable pleasant, kind

el ambiente atmosphere

la amenaza threat

la amistad friendship

amoroso, -a loving, affectionate

ancho, -a wide

¡ándale! ¡vámonos!

el anillo ring

animado, -a enthusiastic

anónimo, -a anonymous

el antepasado, la antepasada ancestor

anterior previous

— a prior to

antiguo, -a ancient, old; former

anunciar to announce

aparecer (zc) to appear

aparte de besides

apoderarse (de) to seize, to take possession

el apoyo help, support

apreciar to appreciate, to value

aprovechar(se) to enjoy

aproximadamente approximately

apuntar to point; to jot down

—se to put one's name down

aquí here

el arcángel archangel

el/la archivista archivist

el archivo archive, file

el **argumento** plot

arqueológico, -a archaeological

el **arqueólogo, la arqueóloga** archaeologist

la **arquitectura** architecture

arreglar to fix, to arrange

arrestar to arrest

arriba above; upstairs

la **artesanía** handicrafts

el **artículo** (newspaper) article

asegurar to assure, to make safe

asesinar to kill

el **asesor, la asesora** consultant, advisor

así so, in this way

— **que** so, therefore

el/la **asistente** assistant

asistir to attend

astuto, -a clever, cunning

el **asunto** matter, affair

asustar to frighten

el **ataque** attack

atar to tie

atención: prestar — to pay attention

atender (a) to attend (to)

atrapar to trap, to catch

atravesar to cross

atreverse to dare

aumentar to increase

aun even

aún still, yet

aunque although

la **autenticidad** authenticity

auténtico, -a authentic

la **autoridad** authority

la **avalancha** avalanche

avanzado, -a advanced

la **avaricia** greed, avarice

la **aventura** adventure

avergonzado, -a ashamed

averiguar to find out; to verify

el **avestruz** ostrich

avisar to notify; to warn

el/la **ayudante** helper

ayudar to help

azteca Aztec

B

el **baile** dance

bajar to go down, to descend

bajo, -a short; low

bajo under

bancarrota: estar en — to be bankrupt

el **banco** bank

barato, -a cheap, inexpensive

la **barbaridad** cruelty, atrocity

basado, -a based

bastante *(adv.)* quite, rather; *(adj.)* enough

la **batalla** battle

la **bebida** drink

la **beca** scholarship, grant

el **benefactor, la benefactora** benefactor

el **beneficiario, la beneficiaria** beneficiary

el **beso** kiss

la **biblioteca** library

los **bienes** goods, property

bienvenido, -a welcome

bilingüe bilingual

el **bisabuelo, la bisabuela** great-grandfather, great-grandmother

el **bisnieto, la bisnieta** great-grandson, great-granddaughter

el **boleto** ticket

bonito, -a pretty

buscar to look for

C

el **caballero** gentleman

el **caballete** easel

la **cabeza** head

el **cacahuate** peanut

el **cacao** cocoa

cada each

la **caja** box

la — **fuerte** safe, strongbox

la **calavera** skull

cálido, -a warm

la **calle** street

callejero, -a street

calmar(se) to calm down

cambiar to change

cambio: en — on the other hand; however

caminar to walk

el **camino** road; path; way

la **camisa** shirt

el **campesino, la campesina** farmer; field worker

el **campo** field; country

cancelar to cancel

la **cancha** field (sports)

la **canción** song

cansado, -a tired

la **capa** cape, cloak

capaz capable

caprichoso, -a capricious, changeable

capturar to capture

la **cara** face

característico, -a characteristic

la **cárcel** jail

el **cargo** charge, accusation

el **cariño** love, affection

caro, -a expensive

la **carrera** race; career

la **carta** letter

el **cartel** poster

casarse to marry, to get married

casi almost

el **caso** case

hacer — **a** to pay attention to

castigar to punish

el **castillo** castle

causar to cause

celebrar to celebrate

los **celos** jealousy; envy

el **cementerio** cemetary

el **censo** census

el **centro** center; downtown

la **cerámica** ceramics; pottery

cercano, -a near; close; nearby

cerrar (ie) to close

el **cerro** hill

la **certeza** certainty

charlar to chat

chivearse to be embarrassed

el **cielo** sky; heaven

cierto, -a certain, true

la **circunstancia** circumstance

la **cita** date, appointment

citar to set up a date/appointment; to quote

la **ciudad** city

el **ciudadano, la ciudadana**
citizen

la **civilización** civilization

claro, -a clear

¡claro! of course!

clase: la — de the sort/kind of

la **clave** key *(fig.)*

el **clero** clergy

el **cliente, la clienta** client,
customer

el **coche** car

cocinar to cook

el/la **coleccionista** collector

la **colonia** colony

colorido, -a colorful

la **columna** column

el/la **comandante** commander;
commanding officer

comenzar (ie) to begin

el **comercio** trade, commerce

cometer (i, i) to commit

la **comida** meal

el **comienzo** beginning

el **comité** committee

como as, like

¿cómo? how? what?

compartir to share

la **competencia** competition

completamente completely

complicado, -a complicated

complicar to complicate

el/la **cómplice** accomplice

la **compra** purchase

comprar to buy

comprender to understand

comprobar (ue) to verify

común common

comunicar to communicate

el **concepto** concept

la **conciencia** conscience

concluir (y) to conclude

conducir to lead; to conduct

la **confesión** confession

la **confianza** confidence, trust

confiar (en) to have confidence
in; to trust

confirmar to confirm

confrontar to confront

el **conjunto** group, collection

conmigo with me

conocer (zc) to know; to meet

el **conocimiento** knowledge

la **conquista** conquest

la **consecuencia** consequence

conseguir (i, i) to obtain

el **consejero, la consejera**
advisor

el **consejo** advice

consentir (en) (ie, i) to
consent

conservador, -a conservative

conservar to preserve, to save

la **constipación** stuffiness (nose)

construir (y) to construct, to
build

el/la **cónsul** consul

el **consulado** consulate

consultar to consult

el **contacto** contact

contar (ue) to count; to tell

— con to count on

contener (ie) to contain

el **contenido** content(s)

contento, -a happy, contented

contestar to answer

contigo with you

continuar to continue

contra: en — de against

el/la **contrabandista** smuggler

contrario, -a opposite

de lo — otherwise

el **convento** convent

convertirse (en) (ie, i) to
become; to change (into)

la **copia** copy

el **corazón** heart

el **correo** mail

correr to run

corresponder to repay; to
respond

el **corrido** ballad

cortar to cut

la **cortesía** courtesy

corto, -a short

la **cosecha** harvest

costar to cost

la **costumbre** custom

crear to create

crecer (zc) to grow

creciente growing

el **crédito** credit

la **creencia** belief

creer to believe

el **crimen** crime

cualquier any

el **cuarto** room

cubrir to cover

la **cuenta** count; bill

por su — on your/his/her/
their own

el **cuerpo** body

el **cuidado** care

cuidar to take care of, to be
careful with

la **culpa** fault, blame

el/la **culpable** guilty person

el **culto** worship

la **cultura** culture

la **cumbre** top

cumplir (con) to carry out,
to fulfill

el **curandero, la curandera**
folk healer

el **curso** course

cuyo, -a whose

D

el/la **danzante** dancer

el **daño** harm

dar to give

— gusto to give pleasure

— lugar a to give rise to

— pena to feel badly

—se cuenta de to realize,
to be aware

el **dato** data, information

d.C. (después de Cristo) A.D.

de:

— acuerdo a according to

— hecho actually, in fact

— parte de on behalf of

— todas formas anyway

— veras really, truly

deber should; must; to owe

el — duty

decir to say, to tell

declarar to declare

dedicar to dedicate

el **dedo** finger

el **defensor, la defensora**
defender

dejar to leave (something)

— de + *inf.* to stop (doing
something)

delante de in front of

la **delicadeza** delicacy

con — gently

delicado, -a delicate; sensitive

demandar to demand

los demás the rest

demasiado, -a *(adj.)* too many/much

demasiado *(adv.)* too (much)

demostrar (ue) to show, to demonstrate

dentro (de) inside (of), within

depender (de) to depend (on)

el deporte sport

el derecho right

derrotar to defeat

desafortunadamente unfortunately

desagradable unpleasant

desaparecer to disappear

el desarrollo development

el descanso rest

el/la descendiente descendant

el desconocido, la desconocida stranger

el descubrimiento discovery

descubrir to discover

el descuido carelessness, negligence

desde since, from

desear to desire, to want

desenterrar (ie) to dig up

el desfile parade

desgraciadamente unfortunately

desocupado, -a unoccupied

la despedida farewell

despedir (i, i) to dismiss; to fire (an employee)

—se to say good-by

despertarse (ie) to wake up

el despido dismissal

desplazado, -a out of place, displaced

después (de) after

destacarse to stand out (accomplishments)

detener (g, ie) to arrest, to detain

detrás (de) behind

la deuda debt

devolver (ue) to return (something)

el diario newspaper

el dibujo drawing

el dinero money

el dios, la diosa god, goddess

el diputado, la diputada government/state representative

la dirección address; direction

disculparse to apologize, to ask forgiveness

el discurso speech

discutir to argue, to discuss

el diseño design

disfrutar to enjoy

distinguir to distinguish

distinto, -a distinct, different

divertirse (ie, i) to have fun, to be amused

doble double

el documento document

dominicano, -a Dominican (relig.)

don, doña Mr., Mrs./Madam (title of respect)

donar to donate, to give

dondequiera wherever

dormir (ue, u) to sleep

el dormitorio bedroom

la duda doubt

el dueño, la dueña owner

durante during

durar to last

E

la ecología ecology

ecológico, -a ecological

la edad age

el edificio building

educativo, -a educational

el efecto effect

efectuar to carry out

ejecutar to execute; to carry out

ejercer to exercise; to practice

el ejército army

electrónico, -a electronic

elegir (i, i) to elect

la embajada embassy

emigrar to emigrate

emocionante exciting

empezar (ie) to begin

el empleado, la empleada employee

emplear to employ, to use

el empleo employment, job; use

enamorarse to fall in love

encantar to enchant, to delight

el encargado, la encargada person in charge

encargarse de to take charge of, to take over

encargo: por — assigned, ordered

encima over, above

encontrar (ue) to find

—se to meet, to encounter

el enemigo, la enemiga enemy

enfermo, -a sick, ill

enfrentarse to confront

enfurecido, -a enraged

enojado, -a angry

enorgullecerse to be proud of

enriquecerse to get rich

enseguida *(or en seguida)* right away

enseñar to teach; to indicate

entablar to establish; to start

entender (ie) to understand

enterarse de to find out

enterrar (ie) to bury

entonces then

la entrada entrance; ticket

entrar to enter

entregar to deliver; to hand over

el entrenador, la entrenadora trainer

el entrenamiento training

entrenar to train

entristecer (zc) to sadden

el entusiasmo enthusiasm

enviar to send

la época epoch, era, age

escaparse to escape

el escenario stage; scene; setting

escoger to choose

esconderse to hide

escribir to write

escrito: por — in writing

escuchar to listen

la escultura sculpture

el esfuerzo force; effort

la espalda back

la especia spice

el/la especialista specialist

la especie kind, type

la espera wait

esperar to wait; to hope for; to expect

el esposo, la esposa husband, wife

establecer (zc) to establish

estacionar to park

el **estado** state

estadounidense American (from U.S.)

estallar to explode; to break out

la **estatua** statue

la **estela** stele

el **estilo** style

estimar to value

los **estudios** studies

estupendo, -a wonderful

evidente evident

evitar to avoid

exactamente exactly

excavar to excavate, to dig

existir to exist

la **experiencia** experience

la **explicación** explanation

explicar to explain

el **extranjero, la extranjera** foreigner

extranjero: en el — abroad

extrañar to miss

extraño, -a strange, unusual

extraño: ¡qué —! how strange!

F

la **facción** feature

fácilmente easily

la **falta** lack

familiar (related to) family

famoso, -a famous

el **fantasma** ghost

fechar to put a date on

la **felicidad** happiness

—**es** congratulations

feliz happy

el **ferrocarril** railway

la **fianza** bond

ficticio, -a fictitious

fiel loyal, faithful

la **figura** figure

fijarse to notice; to look

el **fin** end

por — finally, at last

los —es aims, objectives

financiero, -a financial

firmar to sign

la **flor** flower

el **fondo** bottom

la **forma** form, way

forzar (ue) to force

la **frase** phrase, sentence

la **frecuencia** frequency

frecuente frequent

los **frenos** braces

la **frontera** border

la **fuente** fountain

fuera de outside of

fuerte strong

el **funcionario, la funcionaria** (public) official

fundar to found

furioso, -a furious

el **futuro** future

G

el **ganador, la ganadora** winner

ganar to win

ganas: tener — de to feel like (doing something)

garantizado, -a guaranteed

generalmente generally

la **gente** people

el **gobernador, la gobernadora** governor

el **gobierno** government

gozar to enjoy

el **grabado** engraving

grabar to engrave; to record

la **gracia** humor; charm

graduarse to graduate

grave serious, grave

guapo, -a good-looking

el/la **guardaespaldas** bodyguard

guardar to keep

la **guerra** war

el/la **guía** guide

el **guión** script

gustar to please; to like

el **gusto** pleasure; liking

estar a — to feel comfortable

H

haber to have

la **habitación** room

el/la **habitante** inhabitant

hacer (g) to make, to do

— **caso a** to pay attention to

— **daño** to hurt, to harm

hacia toward

la **hacienda** large ranch or estate

el **hambre** (f.) hunger

hasta until

el **hecho** act, deed

heredar to inherit

la **herencia** inheritance

hermoso, -a beautiful

el **héroe, la heroína** hero, heroine

la **hierba** herb

el **hijo, la hija** son, daughter

el/la **hispanohablante** Spanish speaker

la **historia** history; story

histórico, -a historical

hoy: — en día nowadays

huele see **oler**

la **huella** track

huir to flee, to escape

humorístico, -a humorous

I

identificar to identify

el **idioma** language

la **iglesia** church

la **igualdad** equality

igualmente equally; likewise

ilegal illegal

ilustrar to illustrate

imaginar(se) to imagine

el **imperio** empire

impetuoso, -a impulsive

implicar to implicate

imponer (g) to impose

importar to matter, to be important

impresionante impressive

el **impuesto** tax

incapaz incapable

incluir (y) to include

independientemente independently

indicar to indicate

indígena indigenous, native

el **indio, la india** (native) Indian

indispensable indispensible

inesperado, -a unexpected

la **influencia** influence

el/la **informante** informant

informar to inform

inmediatamente immediately

la **inocencia** innocence

insistir (en) to insist (on)

inspirar to inspire
la intención intention
intentar to try, to attempt
el intercambio exchange
el interés interest
interesar to interest
el intermediario, la
        intermediaria
        intermediary
interrogar to interrogate
interrumpir to interrupt
intervenir (g) (ie, i) to
        intervene, to interfere
íntimo, -a intimate, close
inútil useless
invertir to invest
investigar to investigate
ir to go
    —se to leave
irónico, -a ironic
irresponsable irresponsible

J

jalar (coll.) to pull/draw (in)
jamás never
el jefe, la jefa boss
el/la joven young man, young
        woman
la joya jewel
el juego game
el/la juez judge
el juicio trial; judgment
juntar to join
juntos, -as together
la justicia justice
justificar to justify
justo, -a just, fair
juzgar to judge

L

el lado side
    al — de beside, next to
    ningún — nowhere
el ladrón, la ladrona thief
la lámina sheet
largarse to go away
lástima: ¡qué —! what a
        shame!
el lavadero washing place
        (laundry)
lejos (de) far (from)
el lema slogan

la lengua language
la ley law
la leyenda legend
liberar to free, to release
la libertad liberty, freedom
    la puesta en — release
libre free
el licenciado, la licenciada
        professional title for a
        lawyer
el lienzo canvas
ligar to join; to tie
el lío mess
listo, -a ready (with estar)
la llamada call
llamar to call
llegar to arrive
    — a ser to become
lleno, -a full
llevar to carry; to take; to wear
    — a cabo to carry out, to
        accomplish
    —se bien/mal to get along
        well/badly
localizar to locate
lógico, -a logical
lograr to manage, to attain
luchar to fight, to struggle
luego then
el lugar place

M

la madera wood
el maestro, la maestra teacher;
        master
magnífico, -a magnificent
los males (health) problems
la maleta suitcase
malvado, -a evil, villainous
mandar to send; to order
mando: al — de under the
        command of
la manera manner, way
    de cualquier — anyway
    de ninguna — not at all
    — de ser way of being
la mano (f.) hand
la manta blanket, rug; poncho
mantener (g) (ie) to maintain;
        to support
    —se alejado, -a to stay away
la maravilla marvel
maravilloso, -a marvelous

más more
matar to kill
mayor old(er); bigger, larger
la mayoría majority
medio:
    el — ambiente environment
    en — de in the middle of
los medios means
mejor better; best
mejorar to improve, to make
        better
mencionar to mention
menor younger; smaller; least
menos less
el mensaje message
mentir (ie, i) to lie
la mentira lie
menudo: a — often
el mercado market
el mesón inn
mestizo, -a (Native American
        and European) mestizo
la meta goal
meter to put; to get someone
        involved in
    —se to become involved in
la mezcla mixture
el miedo fear
el miembro member
mientras while, during
    — (tanto) meanwhile
mil thousand
el milagro miracle
milagrosamente miraculously
militar military
millón million
la minoría minority
mirar to look (at)
la misión mission
mismo, -a same
    yo — I myself
el misterio mystery
misterioso, -a mysterious
mítico, -a mythical
mixteca Mixtec
la moda fashion
moderno, -a modern
el modo way
molestar to bother, to annoy
la molestia bother, nuisance
la montaña mountain

morir (ue, u) to die
—se de hambre to be starving
mostrar (ue) to show
la motivación motivation
el movimiento movement
el muchacho, la muchacha young boy, young girl
la muerte death
el mundo world
el muralismo muralism
el museo museum

N

nacer (zc) to be born
la nación nation
la nacionalidad nationality
nada nothing
nadie nobody
nativo, -a native
necesitar to need
la necrópolis necropolis
negar (ie) to deny
el/la negociante business person
el negocio business
nervioso, -a nervous
ni neither, nor
— siquiera not even
el nieto, la nieta grandson, granddaughter
ninguno (ningún), -a not any, none
el niño, la niña child
nombrar to name
normalmente normally
norteamericano, -a North American
la nota note
las noticias news
el novio, la novia boyfriend, girlfriend
nuevo, -a new
nuevo: de — again
nunca never

O

oaxaqueño, -a person from Oaxaca
obedecer (zc) to obey
el objeto object; purpose
la obra work (of art)
el obrero, la obrera worker

observar to observe
el obstáculo obstacle
obtener (g) (ie) to obtain
obvio, -a obvious
ocasionar to cause
occidental west
ocupado, -a occupied; busy
ocuparse de to handle, to take care of
ocurrir to occur
la oferta offer
el/la oficial official
ofrecer (zc) to offer
oír (g) to hear
el ojo eye
oler (hue) to smell
el olor smell
olvidar to forget
la oportunidad opportunity
opuesto, -a opposite
estar — a to be against
el orden order
la orden command
la organización organization
el orgullo pride
oriental east
el origen origin
originalmente originally
el oro gold

P

pagar to pay
el pago payment
el país country
la palabra word
el pánico panic
el pañuelo scarf, handkerchief
la papa potato
el papel paper; role
hacer el — de to play the role of
el paquete package
parecer (zc) to seem
¿Qué te parece? what do you think?
—se a to resemble, to look like
la pared wall
el/la pariente relative
parte: de — de on behalf of
participar to participate
el partido (political) party

partir: a — de from
pasado, -a last; past
el pasado past
— mañana day after tomorrow
pasar to happen; to pass; to spend (time); to drop by (with por)
el paseo walk
el paso step
el patrimonio patrimony
patrocinar to sponsor, to support
la paz peace
pedir (i, i) to ask for, to request
pelear to fight
el peligro danger
peligroso, -a dangerous
la pelota ball
pensar (ie) to think
peor worse
pequeño, -a little
perder (ie) to lose
la pérdida loss
perdidamente desperately, hopelessly
perdonar to forgive
el peregrino, la peregrina pilgrim
el periódico newspaper
permiso: con — excuse me
permitir to permit, to allow
pero but
el personaje character (in fiction)
personalmente personally
pertenecer (zc) to belong (to)
la pesadilla nightmare
pesar: a — de in spite of
el pie foot
la piedra stone, rock
la pieza piece (music, art)
la pincelada (brush)stroke
pintar to paint
el pintor, la pintora artist
la pintura picture
la piscina swimming pool
la pista clue; trail
el placer pleasure
planear to plan
la plata silver
el plátano banana
la pluma feather
la población population; town

pobre poor

el poder power

poder (ue) to be able

   puede que perhaps

poderoso, -a powerful

el/la policía police officer

   la — the police

la política politics

el político, la política politician

poner (g) to put

   —se to put on

   —se a + inf. to begin (doing
     something)

por by; through; near;
   because of

   — si acaso in case

   — supuesto of course

el porcentaje percentage

el (tanto) por ciento percent

porque because

posclásico, -a post-classic

la posesión possession

la posibilidad possibility

posteriormente later,
   afterward

el postor bidder

el precio price

precioso, -a precious

precisamente precisely

precolombino, -a
   pre-Columbian

predominantemente
   predominantly

preferir (i, i) to prefer

preguntar to ask (a question)

prehistórico, -a prehistoric

preocuparse to worry

preparar to prepare

la presencia presence

presentar to present; to
   introduce

preservar to preserve

el presidente, la presidenta
   president

presionar to pressure

preso, -a imprisoned

el préstamo loan

el prestigio prestige

prevalecer (zc) to prevail

primero (primer), -a first

el principio beginning

   los —s principles

la prisa rush, hurry

   tener — to be in a hurry

el prisionero, la prisionera
   prisioner

privado, -a private

privilegiado, -a privileged

probablemente probably

probar (ue) to prove; to try

procedente de to be/originate
   from

el proceso process

proclamar to proclaim

profundo, -a deep

prometer to promise

la propiedad property

el propietario, la propietaria
   owner

propio, -a own

el propósito reason, purpose

   a — on purpose; by the way

el/la protagonista main character

la protección protection

proteger to protect

provocar to provoke, to cause

próximo, -a next

el proyecto project

la prueba proof, evidence; test

público, -a public

el pueblo town; people

pues well

el puesto position, job

el punto point

Q

quedar(se) to stay, to remain

   — a to be left, to be
     remaining

quejarse to complain

querer (ie) to want; to love

querido, -a dear

el quiosco (band)stand

quitar to take away

   —se to take off

quizá(s) maybe, perhaps

R

la raíz root

el rango rank, standing

rápidamente rapidly

la razón reason

   tener — to be right

reaccionar to react

la realidad reality

la realización realization,
   completion

realizar to carry out, to
   accomplish

realmente really

el recado message

el/la recepcionista receptionist

rechazar to reject

recibir to receive

recientemente recently

recoger to pick up

recomendar (ie) to
   recommend

el reconocimiento recognition

recordar (ue) to remember; to
   remind

el recuerdo souvenir

recuperar to recuperate, to
   recover

el recurso resource

la red net; network

referirse a (ie, i) to refer to

reflejar to reflect

la reforma reform

reforzar to reinforce

el refrán saying

el regalo gift

la región region

registrar to register; to search

regresar to return

reintegrar to reintegrate

reírse (i, i) to laugh

la relación relation(ship)

religioso, -a religious

el relleno stuffing

el/la remitente sender

el Renacimiento Renaissance

reparar to repair

repente: de — suddenly

repentino, -a sudden

el/la representante representative

representar to represent

resolver (ue) to resolve

respecto (a) regarding

respetar to respect

el respeto respect

responder to answer

la responsabilidad responsibility

responsable responsible

la respuesta answer

restablecer (zc) to reestablish

el resto rest

   los —s remains

la restricción restriction
resultar to result
  resulta que it turns out that
el resumen summary
el retraso delay
la reunión meeting
reunirse to meet, to get
  together
la revelación revelation
revelar to reveal
el revés reverse
  al — backwards
revisar to check
revivir to relive
la revolución revolution
revolucionario, -a
  revolutionary
el rey, la reina king, queen
rico, -a rich
la riqueza richness, wealth
robar to steal
el robo theft
rodeado, -a surrounded
rojo, -a red
romántico, -a romantic
las ruinas ruins

S

saber to know
sacar to get/take out
el sacerdote priest
salir (g) to leave, to go out
  — bien/mal to turn out
  well/badly
saludar to greet
el santo, la santa saint
el saqueador, la saqueadora
  looter
sarcásticamente sarcastically
sea: o — that is
secretamente secretly
el secreto secret
seguido, -a (de) followed (by),
  next
seguir (i, i) to follow; to
  continue
  — + present participle to
  continue (doing something)
según according to
segundo, -a second
la seguridad security, safety
  con — for sure

seguro, -a (with *estar)* to be
  sure; safe
la semana week
semejante similar
la semejanza similarity
sentarse (ie) to sit down
el sentido sense
el sentimiento feeling
sentir to feel; to regret
la señal signal
señalar to indicate, to point out
la separación separation
ser to be
  sería (it) would be; (it)
  probably was
la serie series
serio, -a serious
sermonear to preach
la servilleta napkin
servir (i, i) to serve
si if
siempre always
el siglo century
el significado meaning
significar to mean
siguiente following, next
silbador, -a whistling
simbólico, -a symbolic
el simbolismo symbolism
similarmente similarly
simplemente simply
sin without
  — embargo however
sincero, -a sincere
sino but, rather
el/la sinvergüenza scoundrel
el sitio place
situar to situate
sobre about; over, on
sobrevivir to survive
la sociedad society
el socorro help
solamente only, just
solas: a — alone
el soldado soldier
solicitar to apply for, to request
la solicitud application
sólo only
soltar (ue) to free, to let go
solucionar to solve
soñar (ue) (con) to dream
  (about)
sorprender to surprise

la sorpresa surprise
sospechar to suspect
sospechoso, -a suspicious
el sótano basement
subir to go up; to climb up
suceder to occur
el sueño dream
la suerte luck
suficiente enough, sufficient
sufrir to suffer
sugerir (ie, i) to suggest
sumamente extremely
suponer to suppose; to mean
supuestamente supposedly
surgir to arise
suspender to suspend

T

tal such
  — vez perhaps
el taller workshop
también also, too
tanto(s), -a(s) so much/many
el tapete rug, carpet
tardar to take (time)
la tarjeta card
la técnica technique
técnicamente technically
la tecnología technology
el tejido weave
la telenovela soap opera
el tema theme; topic
temer to fear, to be afraid
el templo temple, church
temporalmente temporarily
tender to lay out
tener (g, ie) to have
  — ganas de to feel like
  (doing something)
  — hambre to be hungry
  — lugar to take place
  — que ver (con) to have to
  do (with)
  — sed to be thirsty
la tentación temptation
la teoría theory
terminar to finish, to end
el término term
el tesoro treasure
el testamento will
el tiempo time; weather
tierno, -a tender

la **tierra** earth; land
típico, -a typical
el **tipo** type
el **título** title
tocar to touch
todavía still, yet
todopoderoso, -a all-powerful
tomar to take
el **tono** tone
totalmente totally
el **trabajo** work
la **tradición** tradition
traer (g) to bring
el/la **traficante** trafficker
el **tráfico** traffic
traicionar to betray
el **traidor, la traidora** traitor
la **trampa** trap
tranquilo, -a calm, quiet,
tranquil
transformar to transform
el **tránsito** traffic
tras after
tratar to treat
— **de** to try
se trata de it's about
través: a — de through
la **tribu** tribe
el **tribunal** tribunal, court
triste sad
triunfar to triumph
las **tropas** troops
la **tumba** tomb
turístico, -a tourist

U

últimamente lately
último, -a last; final
único, -a only
unir to join, to unite
la **universidad** university
urbano, -a urban
usar to use
útil useful
utilizar to use

V

valer to be worth
valioso, -a valuable
el **valor** value; courage
el **vapor** steam
la **variedad** variety
varios, -as various; several;
different
la **vasija** vessel; vase
vegetariano, -a vegetarian
vencer to defeat, to overcome
vender to sell
la **venganza** revenge
vengarse (de) to take revenge
(on)
venir (g) (ie) to come
la **venta** sale
la **ventaja** advantage
la **ventana** window
ver to see
se ve (it) looks + *adj.*
el **verano** summer
veras: de — really, truly
la **verdad** truth
¿**de —?** really?
verdaderamente truly,
honestly
verdadero, -a true
la **vergüenza** shame,
embarrassment
tener — to be
ashamed/embarrassed
verificar to verify
verosímil believable, probable
vestido, -a dressed
la **vestimenta** clothes
el **vestuario** wardrobe
la **vez** time
de — en cuando from time
to time
otra — again
viajar to travel
el **viaje** trip
— **de ida y vuelta** round
trip
la **vida** life

viejo, -a old
vigilar to watch; to guard
violar to violate
la **visita** visit
el/la **visitante** visitor
vista: punto de — point of
view
vivir to live
el **voluntario, la voluntaria**
volunteer
volver (ue) to return
— **a + *inf*.** to do (something)
again
—**se** to become
votar to vote
el **vuelo** flight
la **vuelta** turn

Y

ya already; now; soon
el **yeso** plaster (art)

Z

zapoteca Zapotec
el **zócalo** town square